HISTORIQUE SUCCINCT

DE

L'ARTILLERIE

AU TONKIN

PENDANT LES ANNÉES 1883 ET 1884

PAR

G. HUMBERT

CHEF D'ESCADRON D'ARTILLERIE DE LA MARINE
Breveté d'état-major

TOME I

PARIS   LIMOGES

LIBRAIRIE ET IMPRIMERIE MILITAIRES

CHARLES LAVAUZELLE

Éditeur

L'ARTILLERIE

AU TONKIN

PETITE BIBLIOTHÈQUE DE L'ARMÉE FRANÇAISE

HISTORIQUE SUCCINCT

DE

L'ARTILLERIE

AU TONKIN

PENDANT LES ANNÉES 1883 ET 1884

PAR

G. HUMBERT

CHEF D'ESCADRON D'ARTILLERIE DE LA MARINE
Breveté d'état-major.

TOME Ier

PARIS	LIMOGES
11, Place Saint-André-des-Arts	Nouvelle route d'Aixe, 46.

IMPRIMERIE ET PAPETERIE MILITAIRES

Henri CHARLES-LAVAUZELLE

Libraire-Éditeur.

1886

NOTE.

Le travail de M. le chef d'escadron Humbert est publié dans les 1re et 2e livraisons du *Mémorial de l'Artillerie de la marine* (1885).

Les nombreuses planches qui l'accompagnent n'ont pas été reproduites ici, afin de ne pas augmenter outre mesure le prix de l'ouvrage.

La plupart des cartes du Tonkin, actuellement publiées, sont d'ailleurs suffisamment détaillées pour permettre au lecteur de suivre avec facilité le récit des opérations.

L'auteur sera reconnaissant à ceux de ses camarades qui voudront bien lui signaler les erreurs commises ou les omissions faites.

HISTORIQUE SUCCINCT

DE

L'ARTILLERIE AU TONKIN

PENDANT LES ANNÉES 1883-1884

AVANT-PROPOS

Le traité du 15 mars 1874, conclu entre la France et la cour de Hué, n'est nullement respecté, dès les premiers jours, par le gouvernement et les mandarins annamites.

La France, dont les préoccupations sont tournées d'un autre côté, montre une patience qui ne fait qu'augmenter l'arrogance de la cour de Hué et de ses représentants au Tonkin.

Le gouvernement français, lassé enfin de voir ses justes représentations rester sans effet, donne l'ordre au capitaine de vaisseau Rivière de quitter Saïgon pour se rendre à Hanoï.

Le 3 avril 1882, le commandant Rivière est à Hanoï; ses relations avec les mandarins deviennent bientôt très tendues et, le 25 avril, il se voit obligé d'attaquer la citadelle d'Hanoï qu'il prend d'ailleurs facilement.

Les forces dont il dispose sont malheureusement peu considérables; elles ne comprennent que quelques bâtiments, 4 compagnies d'infanterie de marine de 100 hommes environ chacune, 1 détachement de tirailleurs annamites et 1 section de 4 rayé de montagne, de la 22ᵉ batterie d'artillerie de marine.

Sur l'ordre du gouvernement français, la citadelle est rendue aux Annamites, sauf la pagode royale qui est occupée par une compagnie, et nos troupes restent dans une position d'attente.

Au mois de décembre, le Ministre de la marine et des colonies (amiral Jauréguiberry), partisan d'une politique active et d'une action énergique au *Tonkin*, demande pour l'envoi de troupes un crédit de 11,000,000 qui est refusé. Un faible renfort, de 750 hommes, est seulement expédié ; il arrive au Tonkin au commencement de mars 1883.

Le 12 mars, un fortin est construit à Hong-Haï, dans la baie d'Ha-Long. Cette position paraît importante à occuper à cause des mines de charbon dont elle nous rend maîtres.

Le 27, Nam-Dinh est attaqué et pris sans difficulté ; nous n'avons que 2 ou 3 blessés parmi lesquels le lieutenant-colonel Carreau, de l'infanterie de marine, lequel, malheureusement, meurt de sa blessure.

L'occupation de ces nouvelles conquêtes divise nos forces déjà insuffisantes.

Les Drapeaux-Noirs tiennent la campagne, à quelques kilomètres d'Hanoï, et font même des incursions jusque dans cette ville qui devient bientôt presque déserte.

La garnison de Nam-Dinh est investie par de nombreuses bandes annamites.

En présence de cette situation difficile, le

commandant Rivière demande qu'on lui envoie des renforts et, dès le commencement de mai, le Ministre de la marine et des colonies (M. Brun, sénateur) soumet aux Chambres un projet de loi portant ouverture à son département d'un crédit de 5,300,000 fr., pour le service du Tonkin.

En même temps des ordres sont donnés pour tenir prêtes à partir les troupes d'infanterie et d'artillerie de marine qui doivent être expédiées au Tonkin, aussitôt la loi votée.

Le 27 mai, à 11 heures du matin, on apprend à Paris la nouvelle de la mort du commandant Rivière, tué le 19 mai dans une sortie d'Hanoï sur la route de Sontay, avec le commandant Berthe de Villers et un grand nombre d'hommes de la colonne.

Des troupes de secours, sous le commandement du général d'infanterie de marine Bouët, sont expédiées au Tonkin par le gouverneur de la Cochinchine.

La loi relative aux crédits étant définitivement votée, les troupes de renfort sont dirigées sur Toulon où elles doivent embarquer sur les transports *Annamite* et *Mytho*.

3 batteries de 4 rayé de montagne servies par l'artillerie de la marine font partie de ces renforts

Nous nous proposons de faire l'historique succinct de ces trois batteries, et de celles qui ont été envoyées au *Tonkin* par le *régiment d'artillerie de la marine* et ensuite par le *ministère de la guerre* jusqu'au 7 juillet 1884, jour de notre départ du Tonkin.

Constitution des trois batteries et du parc servis par l'artillerie de la marine. — Départ de Toulon; arrivée au Tonkin.

Dès les premiers jours de mai, le lieutenant-colonel Révillion, désigné pour commander les trois batteries d'artillerie de la marine qui doivent être envoyées au Tonkin, reçoit l'ordre de se rendre à Toulon.

En attendant l'arrivée du personnel, il fait préparer et mettre en état le matériel qui est mis à sa disposition.

Le Ministre de la marine a décidé que les batteries seront armées du 4 rayé de montagne, ce canon étant jugé d'un bon emploi contre un ennemi possédant une artillerie notablement inférieure et dans les terrains de rizières inondés et dépourvus de routes du Delta.

Le canon de 4 est placé sur l'affût en fer du canon de débarquement de 65 mill., légèrement modifié pour le recevoir. Avec cet affût, le canon de 4 rayé de montagne ne peut tirer qu'à 1,700 mètres, au maximum, sur un sol horizontal. Pour tirer plus loin, on sera obligé d'enfoncer la crosse en terre.

Chaque affût est muni d'un avant-train en fer du matériel de 65 mill., portant quatre caisses à munitions de 4 de montagne.

Un petit parc de campagne est aussi constitué; il comprend des rechanges et tout ce qui est nécessaire pour les petites réparations et les confections d'usage courant, ainsi que 6 bâts de pièce, 6 bâts d'affût, 6 bâts de limonières et de roues et 18 bâts de caisse permettant le transport d'une batterie de 6 pièces à l'aide d'animaux.

Le personnel des batteries est prêt à rallier Toulon, mais le vote des crédits rencontre quelques difficultés par suite de l'article relatif à la nomination d'un commissaire général civil au Tonkin et, le 27 seulement, comme nous l'avons dit, ce personnel reçoit l'ordre de se rendre à Toulon.

Ces batteries, formées de détachements envoyés des différents ports, arrivent à *Toulon* le 29 et le 30 et sont immédiatement embarquées.

Des contrôles, établis par le conseil d'administration central, à Lorient, sont apportés par les capitaines commandants ; ils permettent de constituer rapidement les batteries dans la matinée du 30.

Chaque batterie ne comprend que 3 officiers et 109 hommes ; le parc n'est composé que de 1 officier et de 31 hommes.

En outre 1 maréchal des logis et 1 brigadier, secrétaires de l'officier-payeur, sont classés à la 1ʳᵉ batterie.

La composition de chaque batterie et du parc est la suivante :

1ᵒ BATTERIE.

Officiers.

Capitaine-commandant	1
Lieutenant en premier	1
Sous-lieutenant	1
	3

Troupe.

Adjudant............................ 1
Maréchal des logis chef............. 1
Sous-chef artificier................ 1
Maréchaux des logis................. 6
Fourriers........................... 2
Brigadiers.......................... 7
Artificiers......................... 5
Trompettes.......................... 2
Ouvriers en fer..................... 2
Ouvriers en bois.................... 2
Bourreliers......................... 2
Maréchaux ferrants.................. 2
Canonniers dont 1/3 de 1re classe
(parmi eux il y a 10 conducteurs
seulement)....................... 76
____
109

2° PARC.

Officiers.

Lieutenant en premier commandant. 1

Troupe.

Maréchaux des logis................. 2
Armuriers dont un second maître.. 5
Ajusteurs........................... 3
Forgerons........................... 2
Chaudronnier........................ 1
Charpentiers........................ 2
Menuisiers.......................... 3
Charrons............................ 2
Artificiers......................... 5
Bourreliers......................... 6
____
31

Comme matériel, chaque batterie comprend :

6 canons de 4 rayé de montagne ;

7 affûts de 65 mill. appropriés au canon de 4 rayé de montagne ;

7 avant-trains en fer de 65 mill. appropriés au canon de 4 rayé de montagne ;

9 limonières ;

2 roues de rechange ;

1 forge ;

1 caisse garnie d'ouvriers à bois ;

1 caisse garnie d'ouvriers à fer ;

Aucun animal de transport.

Les munitions d'artillerie sont dans les caisses réglementaires ou dans des caisses blanches.

Les armes sont embarquées à bord, encaissées ; les effets de campement sont renfermés dans des sacs et les casques dans de grandes caisses.

Le personnel et le matériel sont répartis sur l'*Annamite* et le *Mytho*, de la manière suivante :

2e et 3e batteries *bis*, personnel et matériel, sur l'*Annamite* ;

1re batterie *bis* et parc, personnel et matériel, sur le *Mytho*.

Au dernier moment, un conseil d'administration éventuel est constitué. Il eût été préférable, comme les événements l'ont prouvé, de laisser les batteries s'administrer séparément, ainsi que le *parc* qui est, au point de vue administratif, rattaché à la 3e batterie.

Le total des officiers s'élève à 17, savoir :

ÉTAT-MAJOR.

Lieutenant-colonel commandant les batteries, Révillion ;

Capitaine en premier, adjoint, Humbert ;

Sous-lieutenant, officier payeur et d'habillement, Rougery ;

Garde d'artillerie, comptable, Masse ;

Médecin aide-major, Moudon ;

Vétérinaire en 2e, Finet ; aide-vétérinaire, Duchêne (détachés par le Ministre de la guerre).

BATTERIES.

1re batterie *bis*. — Capitaine-commandant Issoir ; lieutenant en 1er Teillard d'Eyry ; sous-lieutenant Simon.

2e batterie *bis*. — Capitaine-commandant Dupont ; lieutenant en 1er Vintemberger ; sous-lieutenant Guidou.

3e batterie *bis*. — Capitaine-commandant Roussel ; lieutenant en 1er Rumeau ; sous-lieutenant Pointel.

PARC.

Lieutenant en premier d'Artaud.

L'*Annamite* quitte Toulon le 30 mai, à 5 h. 35 du soir ; le *Mytho* ne part que le 1er juin, à 5 h. 30 du soir. Ces bâtiments arrivent dans la baie d'Ha-Long : le premier, le 12 juillet, à 8 h. du matin, et le second, le 14 juillet, à 9 h. du matin.

Le 14 juillet, le matériel des 2e et 3e batteries, embarqué sur l'*Annamite*, est chargé sur le *Ruri-Maru*, bâtiment du commerce affrété et expédié à Hanoï sous la conduite du lieutenant Vintemberger, accompagné d'un sous-chef artificier et de 4 canonniers. Une compagnie d'infanterie de marine et une compagnie de tirailleurs annamites embarquent également sur le *Ruri-Maru*.

Toutes les précautions sont prises pour s'opposer à une attaque de l'ennemi jugée possible dans le trajet de la baie d'Ha-Long à Hanoï. Tous les hommes ont reçu 6 paquets de cartouches. Des caisses de réserve ont été mises à bord.

Le 20 juillet, l'état-major, le personnel des 2° et 3° batteries et celui de la 1re, moins une section (sous-lieutenant Simon), embarquent sur le *Ruri-Maru* et quittent la baie d'Ha-Long à midi. Le matériel de la 1re batterie est chargé à bord de ce bâtiment qui arrive à Hanoï le 21 à 9 heures du soir.

Le parc et la 3° section de la 1re batterie partis de la baie d'Ha-Long le 25, séjournent 3 jours à Haï-Phong et arrivent le 31 à *Hanoï*.

Depuis le départ jusqu'à l'arrivée à Hanoï, un homme est mort à la baie d'Ha-Long de la fièvre typhoïde, trois autres sont restés malades à l'hôpital de Saïgon, plusieurs ont été malades à bord. Tous les autres sont dans un état satisfaisant, malgré l'encombrement des transports et la chaleur épouvantable qui se fait sentir, en juin et juillet, dans la mer Rouge, la mer des Indes et surtout la baie d'Ha-Long.

CHAPITRE PREMIER.

COMMANDEMENT DU GÉNÉRAL BOUET.

Du 1er au 15 août. — Situation générale.

Le 1er août, les trois batteries et le parc se trouvent donc réunis à Hanoï. Les trois batteries sont casernées à la citadelle, le parc est à la concession.

La 22e batterie d'artillerie de marine (capitaine de Bourayne) est également casernée à la citadelle; elle est venue de Saïgon, une section est arrivée avec le commandant Rivière, deux autres avec le général Bouët.

Les casernements laissent beaucoup à désirer; le génie a aménagé à la hâte quelques bâtiments militaires annamites, en briques, à moitié détruits et construit quelques paillottes (*); c'est tout ce qu'il était possible de faire, eu égard au peu de temps dont on disposait et à la difficulté de se procurer des ouvriers et des matériaux de construction.

(*) Ces paillottes sont des cases dont les murs sont des espèces de claies en bambous recouvertes d'une légère couche de pisé, dont la charpente est formée de bambous, aux assemblages primitifs et dont la toiture est en feuilles de latanier.

La plupart d'entre elles ne peuvent résister aux typhons qui se font sentir au Tonkin, particulièrement au mois d'août.

Les moustiquaires n'ont pu encore être distribuées aux canonniers, et beaucoup d'entre eux souffrent cruellement de piqûres de moustiques aux pieds. Les insupportables démangeaisons qui s'en suivent provoquent des écorchures qui, au contact des boues des rizières et des chemins, se transforment en plaies annamites. Un grand nombre d'hommes sont ainsi rendus indisponibles en peu de temps.

La nourriture est très satisfaisante.

La chaleur est très grande.

Du 1er au 15 août, les batteries améliorent leur situation et font quelques marches avec l'infanterie, autour de la place et à assez petite distance, car la situation, au point de vue militaire, est peu satisfaisante.

La ville d'Hanoï, dont plusieurs quartiers ont été incendiés par les Drapeaux-Noirs et les pirates annamites, est en partie déserte.

Les Drapeaux-Noirs se tiennent à environ 5 à 6 kilomètres, à l'ouest et au nord d'Hanoï, et, chaque nuit, des bandes annamites pillent et brûlent les villages voisins.

Afin d'empêcher les incursions des ennemis dans la ville et aussi pour rassurer les Annamites qui ne nous sont pas hostiles et les maintenir près de nous, le général Bouët a fait exécuter un retranchement continu, reliant la concession française au bastion S.-E. de la citadelle et fermant la ville du côté du sud. Deux lunettes, formant saillant avancé, flanquent les parties voisines de la ligne fortifiée, formée de parapets en terre reliant entre eux les obstacles naturels, murs de clôture, marécages, petits bois de bambou, etc... Chacune de ces lunettes est

,armée de 1 canon de 4 rayé de campagne et d'un canon de 4 rayé de montagne.

A l'intérieur de chaque lunette est un block-haus en maçonnerie, servant de réduit et de logement à la garnison forte d'une escouade d'infanterie de marine et de 6 artilleurs.

La citadelle, ayant un développement de crêtes trop considérable (5 kil. environ) pour pouvoir être défendue par une petite garnison, la pagode royale armée de 2 canons de 4 R. de M. a été organisée comme réduit et deux petits blockhaus ont été élevés dans les bastions N.-O. et S.-O., aux saillants de chacun desquels est un canon.

Un blockhaus est également en construction, en avant du bastion N.-O., de la citadelle sur la route qui, longeant le fleuve, conduit vers Sontay, à l'emplacement de l'ancienne porte nord de la ville.

La concession, entourée d'une enceinte en palanques, avec fossés plein d'eau et appuyée au fleuve, forme un point d'appui solide, vers le sud.

On ne s'est pas borné à élever des fortifications autour de la ville ; à l'intérieur, de nombreuses routes ont été créées ou aménagées pour permettre le transport rapide des troupes et de l'artillerie.

Grâce à ces sages précautions, la ville est à l'abri des coups de main de l'ennemi et les habitants reprennent confiance, mais, en avant de la ligne jalonnée par nos fortifications, nous ne sommes maîtres du terrain que dans la portée efficace de nos canons.

Le plus grand secret est gardé sur les projets du commandement, afin d'éviter que l'ennemi ne soit averti du jour et du point où il doit être attaqué, comme cela a eu lieu le 19 mai.

Les batteries ont leur matériel en parfait état, le personnel est plein d'entrain; malheureusement, l'artillerie ne dispose jusqu'au 11 août que de 12 chevaux annamites un peu dressés à traîner les pièces. Le parc, malgré une très mauvaise installation, a réparé le matériel et confectionné les sellettes et les harnais légers nécessaires à ces 12 animaux; il a aussi modifié un certain nombre des bâts apportés de France pour harnacher des chevaux tartares qui ont été achetés à Sang-Haï et que l'on attend incessamment.

Le 11 au soir arrivent 38 de ces chevaux, conduits par le lieutenant d'artillerie de marine Foissac, qui est allé les prendre à Hong-Kong. Ces animaux, vieux et étiques pour la plupart, sont en mauvais état; quelques-uns ont malheureusement la morve. Peu habitués aux Européens, ils ruent, se lèvent sur les pieds de derrière et cherchent à frapper, des pieds de devant, les canonniers qui les conduisent. Une écurie-hangar a été préparée pour les recevoir à la Sapèquerie, où on les conduit, non sans difficulté.

Dès le lendemain, on les exerce à porter et à traîner les pièces. la plupart d'entre eux se refusent absolument à marcher: il est alors visible qu'un certain temps sera nécessaire pour les dresser et qu'on ne saurait les utiliser immédiatement.

A ce même moment, le service administratif

enrôle des coolies annamites pour porter les bagages, les vivres et les munitions.

Tout le monde comprend qu'une sortie est imminente et chacun fait ses préparatifs.

Les marches d'entraînement des troupes ont toujours eu lieu vers le sud, sur les routes de Hué et des Mandarins, là où ne se trouvent pas les Drapeaux-Noirs, nos ennemis les plus sérieux. Des reconnaissances ont été, au contraire, poussées dans la direction de l'ouest et du nord par le capitaine Georges Vlavianos, ancien compagnon de Dupuis, qui a su former et discipliner à peu près une troupe de 450 Drapeaux-Jaunes.

Aucun engagement n'a eu lieu, mais ces reconnaissances ont permis d'avoir quelques données quoique très insuffisantes sur les forces et les positions des Drapeaux-Noirs.

Le plan des opérations est établi d'après les renseignements ainsi obtenus et ceux que fournissent quelques espions annamites, à notre solde, mais ne méritant, d'ailleurs, qu'une confiance limitée.

Pendant que nous prendrons l'offensive au Tonkin, la division navale, actuellement dans la baie d'Ha-Long et commandée par le contre-amiral Courbet, tentera une opération contre Hué, la capitale de l'empire annamite.

Le 7 août, le capitaine de Bourayne a quitté Hanoï pour se rendre à bord d'un des bâtiments de la division navale. Il emmène avec lui 1 lieutenant (*M. Hazolle*), 50 hommes de la 22ᵉ batterie et 4 pièces de 4 rayé de montagne, approvisionnées chacune à 60 coups (dont 1 pièce empruntée à la 2ᵉ batterie).

Combats des 15 et 16 août.

Le 15, avant le jour, les troupes de sortie se mettent en marche, par trois routes différentes. Une petite garnison est laissée à Hanoï, pour la défense de la place.

Composition des colonnes et de la garnison d'Hanoï.

1°. — COLONNE DE GAUCHE.

Route de Sontay, par Vong.

État-major.

Lieutenant-colonel d'artillerie de marine : Révillion, commandant la colonne ;
Capitaine en premier : Humbert, adjoint ;
Chef de bataillon d'infanterie de marine : Chevallier, commandant l'infanterie ;
Capitaine adjudant-major : Blanchard.

Troupes.

1re compagnie de tirailleurs annamites ; capitaine de Beauquesne ;
25e compagnie du 1er régiment d'infanterie de marine : capitaine Poulnot ;
34e compagnie du 1er régiment d'infanterie de marine : capitaine Larivière ;
36e compagnie du 1er régiment d'infanterie de marine : capitaine Lombard ;
2 sections de la 1re batterie *bis* d'artillerie de marine, attelées : capitaine Isoir ;

1 section du génie, 450 Drapeaux-Jaunes : capitaine G. Vlavianos.

Cette colonne est suivie d'une réserve avec laquelle marche le général Bouët, elle comprend :

2ᵉ compagnie de tirailleurs annamites : capitaine Boutet ;
21ᵉ compagnie du 3ᵉ régiment d'infanterie de marine : capitaine Buquet ;
La 3ᵉ section de la 1ʳᵉ batterie *bis*, traînée à la bricole : sous-lieutenant Simon ;
10 gendarmes.

Dans cette colonne comme dans les deux autres, les compagnies sont fortes en moyenne de 100 à 110 hommes, portant chacun 120 cartouches ; les pièces sont approvisionnées à 40 coups chacune, conformément aux ordres du général commandant en chef.

En arrière de la réserve marchent des munitions d'artillerie (7 avant-trains portant chacun 36 coups) et d'infanterie (33 caisses nᵒ 3 contenant, afin de les alléger, seulement chacune 1.002 cartouches), l'ambulance (1 sac d'ambulance et 12 cadres), les cantines des officiers, les sacs des hommes et le *paddy* (riz non décortiqué) destiné aux chevaux.

Les avant-trains sont traînés, les caisses de munitions d'infanterie, les cadres et les bagages sont portés par les coolies.

Chaque corps a détaché quelques hommes aux bagages, pour surveiller les coolies.

La réserve de munitions est escortée par 1 sous-chef artificier, 2 sous-officiers et 8 artificiers ou canonniers.

Les officiers et les hommes sont vêtus légèrement, à cause de la chaleur, d'un *cai-ao* (espèce de petite blouse en toile) noir, d'un *cai-quan* (pantalon large en toile), également noir; ils ont la coiffe du casque noire. Les officiers ne portent pas le sabre; ils ont le revolver (*).

Les hommes ont sur eux deux jours de vivres de réserve; deux autres jours de vivres sont dans les sacs portés par les coolies.

2°. — COLONNE DU CENTRE.

Route de Yen-taï, Noï et Yen.

État-major.

Chef de bataillon d'infanterie de marine, chef d'état-major : Coronnat, commandant la colonne;

Capitaine d'artillerie de marine : Régis, aide de camp du général Bonët;

Chef de bataillon d'infanterie de marine : Lafont, commandant l'infanterie;

Capitaine adjudant-major : Lange.

Troupes.

3ᵉ compagnie de tirailleurs annamites : capitaine Berger;

26ᵉ compagnie du 2ᵉ régiment d'infanterie de marine : capitaine Doucet;

(*) Les vêtements sont portés sans chemise ni caleçon.

La couleur noire a été adoptée, parce qu'elle rend les hommes peu visibles de loin à l'ennemi.

Le sabre a été supprimé, pour les officiers, comme inutile et très gênant dans la marche à travers des terrains glissants, boueux et remplis d'ornières.

29ᵉ compagnie du 2ᵉ régiment d'infanterie de marine : capitaine Jay ;

33ᵉ compagnie du 2ᵉ régiment d'infanterie de marine : capitaine Trilha ;

2 sections de la 2ᵉ batterie *bis* d'artillerie de marine, attelées : lieutenant Vintemberger ;

1 section de génie.

3°. — COLONNE DE DROITE.

Route de la rive droite du fleuve Rouge.

État-major.

Colonel d'infanterie de marine : Bichot, commandant la colonne ;

Chef de bataillon : Roux, commandant l'infanterie ;

Capitaine adjudant-major : Bouchet.

Troupes.

4ᵉ compagnie de tirailleurs annamites : capitaine de Bazaugour ;

25ᵉ compagnie du 4ᵉ régiment d'infanterie de marine : capitaine Drouin ;

26ᵉ compagnie du 4ᵉ régiment d'infanterie de marine : capitaine Taccoën ;

30ᵉ compagnie du 4ᵉ régiment d'infanterie de marine : capitaine Martellière ;

2 sections de la 3ᵉ batterie *bis* d'artillerie de marine, attelées : capitaine Roussel ;

1 section du génie : capitaine Dupommier.

Cette colonne est appuyée sur sa droite par la flottille qui remonte le fleuve Rouge en se maintenant à peu près à sa hauteur.

La flottille est sous les ordres du capitaine de frégate Morel-Beaulieu ; elle comprend 6 bâtiments :

Aviso de flottille *Pluvier* : capitaine de frégate Morel-Beaulieu ;

Canonnière à hélice *Léopard* : lieutenant de vaisseau Gourgas ;

Canonnière à hélice *Fanfare* : lieutenant de vaisseau Ortolan ;

Aviso de flottille *Trombe* : lieutenant de vaisseau Capelter ;

Aviso de flottille *Éclair* : lieutenant de vaisseau Thesmar ;

Chaloupe canonnière *Mousqueton* : lieutenant de vaisseau Fortin.

4°. — GARNISON D'HANOÏ.

Chef de bataillon Berger, commandant
supérieur.

Concession.

Section hors rang d'infanterie de marine : capitaine Retrouvey ;

27° compagnie du 2° régiment d'infanterie de marine : capitaine Guérin de Fontjoyeuse.

Camp des Lettrés et blockhaus.

27° compagnie du 4° régiment d'infanterie de marine : capitaine Lancelot.

Citadelle.

29° compagnie du 4° régiment d'infanterie de marine : capitaine Rauzier.

Citadelle, concession et blockhaus.

Les canonniers des 1ʳᵉ, 2ᵉ et 3ᵉ batteries *bis* qui ne marchent pas avec les colonnes, 19 canonniers de la 22ᵉ batterie et quelques malades pouvant concourir à la défense.

Au total, les colonnes mobiles sont fortes d'environ 1,900 hommes d'infanterie, de 140 canonniers et 14 pièces de 4 rayé de montagne, et de 90 soldats détachés au génie (40 soldats d'infanterie de marine et 50 auxiliaires tonkinois) et la garnison d'Hanoï comprend 500 hommes à peine (*) avec 15 pièces de canon en batterie, savoir :

(*) Afin de donner l'ensemble des forces alors présentes au Tonkin, ajoutons que : à Nam-Dinh, la garnison se compose des 22ᵉ, 23ᵉ et 24ᵉ compagnies d'infanterie de marine (chef de bataillon Reygasse), et de 5 artilleurs de la 22ᵉ batterie, servant 2 pièces de 4 rayé de montagne.

A Haï-Phong sont : la 31ᵉ compagnie du 2ᵉ régiment et la 31ᵉ compagnie du 4ᵉ régiment d'infanterie de marine, 1 officier d'artillerie de marine (lieutenant Théry), et 22 hommes de la 22ᵉ batterie, servant 6 canons

EMPLACEMENT des canons en batterie.		12 rayé de campagne.	4 rayé de campagne.	4 rayé de montagne.	Mitrailleuse de Mendon.	Canon-revolver de 37 millimètres.
Concession.	Terrasse de la boulangerie	»	»	1	»	»
	— caserne de l'infanterie...........	»	»	»	»	(*) 1
	Armurerie..................	»	»	1	»	»
	Bastion sud-ouest........	»	»	»	1	»
	Blockhaus nord-ouest....	»	»	1	»	»
Près et au nord de la concession.	Batterie dite de la Douane.	1	»	»	»	»
Ligne reliant la concession à la citadelle.	Lunette de Hué'........	»	1	1	»	»
	— des Mandarins..	»	1	1	»	»
Citadelle.	Lunette sud-est...........	»	»	1	»	»
	Blockhaus sud-ouest.....	1	»	»	»	»
	Blockhaus nord-ouest....	»	»	1	»	»
	Réduit..................	»	»	2	»	»
Au nord du bastion nord-ouest de la citadelle.	Blockhaus Porte Nord...	»	»	(**)»	»	»
Total.............		2	2	9	1	1

Emplacement des canons disponibles non en batterie.		12 rayé de campagne.	4 rayé de campagne.	4 rayé de montagne.	Mitrailleuse de Mendon.	Canon-revolver de 37 millimètres.
Parc. Sur chantier......................		9	4	»	3	»
Citadelle.	Canons des 1re, 2e et 3e batteries non employées dans les colonnes......	»	»	3	»	»
Total des canons existant à Hanoï (***).		11	6	12	4	1

(*) Cédé par un bâtiment de la flottille.
(**) Non encore en place.
(***) A la même époque il existe : à Nam-Dinh, 2 canons de 4 rayé de montagne; à Hai-Phong, 2 canons de 12 rayés de campagne, 2 canons de 4 rayé de campagne, 2 canons de 4 rayé de montagne.

Rôle de l'artillerie dans chacune des colonnes.

1° *Opérations de la colonne de gauche.*

Le point initial de la colonne de gauche est la porte ouest de la citadelle. Les troupes se trouvent réunies en ce point, dès 4 heures du matin. La nuit est très noire et il pleut à torrent. L'avant-garde ne se met en marche qu'à 5 h. 15.

La 1re batterie *bis* marche après la 1re compagnie du gros. Les 4 pièces sur avant-trains sont attelées à deux, avec les chevaux tartares arrivés le 11. Pendant le 1er kilomètre ces chevaux ne traînent que lentement, en se défendant et au prix de grandes fatigues pour les conducteurs. On est enfin obligé de dételer et les pièces sont traînées à la bricole par les servants.

Les chevaux sont conduits en main à la suite de la batterie.

Le terrain est mauvais, et l'artillerie ne peut avancer que très difficilement, malgré l'énergie des canonniers.

Arrivée à la pagode Baluy, la colonne fait halte, pour donner à la section du génie le temps de rendre praticable à l'artillerie le *pont de papier*, en partie détruit par l'ennemi. On s'arrête, en outre, à 1 kilomètre plus loin pour permettre de pratiquer un passage à travers une barricade à cheval sur la route, près du fort de Phu-Hoaï.

Jusqu'à la sortie du village de Phu-Hoaï, la vue est presque constamment bornée, à droite et à gauche, par les haies de bambous, les jardins plantés d'arbres et les maisons qui bordent la route.

Le terrain avoisinant ne peut être fouillé que difficilement.

A 8 h. 45, l'avant-garde atteint la lisière ouest de Phu-Hoaï ; elle a reconnu le fort de *Phu-Hoaï* que la colonne du centre vient d'évacuer après l'avoir trouvé abandonné, depuis peu, par l'ennemi.

La pluie est moins intense, mais la chaleur est accablante et le chemin devient boueux et rempli d'ornières. Le terrain, très glissant, augmente encore les difficultés de la marche.

De la lisière ouest de Phu-Hoaï à Vong, le terrain est couvert de rizières, et les vues sont assez étendues. On aperçoit, vers le N.-O., une redoute sur laquelle sont plantés cinq grands pavillons noirs et qui paraît occupée par de nombreux ennemis.

2 coups de canon sont tirés à 1,900 et 2,100 mètres, mais les coups sont courts ; on cesse le tir et on continue à s'avancer.

Arrivée à Vong à 10 heures, la colonne s'arrête et les troupes font un repas froid.

En avant du village, vers l'ouest, s'étend, sur une longueur de plus de 2,000 mèt., une plaine couverte de rizières où l'eau a une profondeur de 0ᵐ,30 à 0ᵐ,50.

De petites levées de terre séparent les rizières les unes des autres. Quelques arbres isolés se voient seuls, à droite de la route, jusqu'à une grande distance. Sur la gauche, sont un léger pli de terrain et deux petits mamelons, surmontés chacun d'une pagode qui se détache sur le ciel.

A 1,700 mètres à l'ouest de Vong, à cheval sur

la route, on aperçoit un vaste retranchement appuyé, au sud, par une pagode fortifiée. Au nord de cette ligne et à une certaine distance, est la redoute sur laquelle 2 coups de canon ont été dirigés, à la sortie de Phu-Hoaï.

A 11 heures, l'ordre est donné d'attaquer la position ennemie, sur laquelle de nombreux pavillons noirs ont été plantés, depuis quelques instants, par l'ennemi qui vient garnir les lignes, en nombre considérable.

Pendant que les compagnies se déploient dans la rizière et que les Drapeaux-Jaunes occupent les petits mamelons et les pagodes, à notre gauche, l'artillerie s'avance sur le chemin, seule route praticable pour elle.

Ce n'est pas sans difficulté que les 4 pièces sont amenées à environ 1.200 mètres de la ligne ennemie, où elles sont mises en batterie.

Les chevaux ont été laissés en arrière, à Vong, car on a essayé plusieurs fois, vu la fatigue des hommes, de les réatteler, mais on a été obligé définitivement d'y renoncer; ils ne peuvent plus dès lors qu'être embarrassants.

La 1re section (lieutenant Teillard d'Eyry) prend position sur la route même, la 2e section (adjudant Bourgeois) est placée, à droite, sur une petite digue qui a, à peine, la largeur suffisante pour que les pièces puissent être mises en batterie.

Le feu est immédiatement ouvert, avec succès, sur les fortifications et sur les troupes ennemies qui ripostent aussitôt.

Des boulets ronds, des balles de fusil de rempart et des balles oblongues arrivent au milieu de nos pièces.

L'ennemi a démasqué une pièce de gros calibre, établie près de la pagode qui forme le point d'appui de la droite de sa ligne, et une 2ᵉ batterie enfilant la route.

Les Drapeaux-Jaunes et la 25ᶜ compagnie d'infanterie de marine sont éloignés de moins de 300 mètres de cette pagode, qui paraît être la clef de la position ennemie.

Nos pièces la prennent pour objectif (*); il est 12 h. 1/4.

L'infanterie et les Drapeaux-Jaunes continuent à avancer très lentement; le feu lent, mais bien dirigé, de l'ennemi leur cause des pertes sensibles.

Vers 1 heure, une partie des Drapeaux-Jaunes ayant consommé toutes ses munitions, commence à revenir en arrière, et l'ennemi, sur notre droite, semble dessiner un mouvement en avant dans la direction du *pont de papier*, tandis que des masses ennemies viennent renforcer les troupes qui défendent les retranchements.

A 1 h. 1/2, la 25ᶜ compagnie a consommé plus de 100 cartouches par homme, et l'artillerie a presque épuisé ses munitions.

La réserve des munitions, qui a été mandée, n'est pas encore arrivée.

(*) A chaque coup tiré, les pièces de la 2ᵒ section culbutent dans la rizière d'une hauteur de 2ᵐ,50; les canonniers, sans se lasser, les remettent en batterie. L'eau qui remplit l'âme est enlevée et le tir continue. Dans ces conditions, avec un canon de 80 mill. de montagne, on n'eût pu tirer qu'un coup par pièce, très probablement.

Les hommes sont très fatigués et les pertes sont déjà assez grandes.

La colonne du centre n'est pas en vue et on ne peut compter sur son concours.

Les retranchements ont été reconnus très sérieux et les forces de l'ennemi paraissent, au moins, dix fois plus considérables que les nôtres.

Dans ces conditions, le parti le plus sage est de se retirer en profitant, pour faire tête à l'ennemi, de tous les points d'appui, bosquets, maisons, villages qui se trouvent sur la ligne de retraite.

Sur l'ordre du lieutenant-colonel commandant la colonne, le mouvement en arrière s'exécute sans précipitation et par échelons, malgré les pertes que subissent les troupes en retraite.

La 2e section va prendre position à la sortie ouest de Vong et ouvre le feu sur les flancs de l'ennemi qui quitte la redoute nord et s'avance dans la direction de Phu-Hoaï.

La 1re section canonne les Drapeaux-Noirs qui quittent leurs retranchements et suivent nos troupes, au sud de la route : elle se porte en arrière lorsque la 25e compagnie arrive à sa hauteur.

A ce moment la 2e section se retire, afin d'éviter l'encombrement sur la route, et va se placer en batterie à mi-distance, entre Vong et Phu-Hoaï.

Le lieutenant-colonel Révillion et le commandant Chevallier restent en dernière ligne à Vong, pour diriger le mouvement de retraite.

La 1re section sur la route, à la sortie ouest de Vong, arrête, par son feu, l'ennemi qui menace notre ligne de retraite, vers le sud, tandis que la 2° section canonne ceux qui continuent à la menacer vers le nord.

L'infanterie bordant la lisière de *Vong* exécute, avec calme, des feux à commandement qui font de grands ravages chez les assaillants.

Partout, autour de nous, flottent des pavillons de couleurs variées (noirs, blancs et noirs, rouges) et résonnent les trompes de guerre de l'ennemi.

Il est 2 heures 3/4 et la réserve de munitions arrive alors à hauteur de la 2° section d'artillerie.

La route, qui a, à peine, 3 mètres de largeur et dont l'état est fort mauvais, est encombrée par les pièces de la 2° section, par la réserve de munitions et les coolies, et par les nombreux blessés qui, ramenés en arrière, obligent souvent les pièces à interrompre leur tir.

L'ennemi concentre son feu sur ce groupe d'hommes; un canonnier est blessé mortellement, un des coolies portant les munitions est tué. Le désordre se met aussi parmi ces indigènes qui veulent s'enfuir et abandonner les munitions. On les maintient en les menaçant du revolver.

Les caisses vides des munitions d'artillerie de la batterie sont remplacées par des caisses pleines de la réserve, et des caisses à munitions d'infanterie sont portées à Vong et échelonnées ouvertes sur la route, afin qu'en passant les hommes puissent s'approvisionner. Un canonnier est placé auprès de chacune d'elles, pour faire la distribution des munitions.

Ces précautions prises, le capitaine Humbert donne l'ordre au sous-chef artificier; commandant la section de munitions, de la faire rétrograder à la pagode Balny, en arrière de la digue où se trouvent le général *Bouët*, les deux compagnies de réserve et la section du sous-lieutenant Simon, qui a pris position en cet endroit.

Chercher à maintenir les coolies, plus longtemps, sous le feu de l'ennemi eût été inutile, les balles leur causant une terreur que ne peuvent vaincre les menaces du petit nombre de canonniers disponibles, pour les empêcher de fuir et d'abandonner les munitions.

Vers 2 h. 3/4, le lieutenant Teillard d'Eyry, blessé au bras et à la main, passe à côté de la 2ᵉ section. Les pièces de la 1ʳᵉ section ont été durement éprouvées; sept hommes ont été mis hors de combat.

Les pièces de la 2ᵉ section sont, alors, portées vers Vong. Elles rencontrent, à petite distance, les 2 pièces de la 1ʳᵉ section, qui rétrogradent, traînées difficilement par les canonniers et quelques soldats d'infanterie.

La fatigue des canonniers est très grande, le capitaine Isoir a été frappé d'insolation.

Les auxiliaires du génie aident à traîner les pièces pour les ramener en arrière et leur faire franchir l'espace découvert entre Vong et Phu-Hoaï.

Le mouvement en arrière s'exécute avec ordre et régularité. Tout ce qui a été laissé en arrière par les coolies affolés (munitions, cadres, bagages), est ramassé et emporté. Les tirailleurs annamites sont affectés à ce service de transport.

A ce moment (3 h. 15) arrive un renfort envoyé par le général commandant en chef et composé de 1 peloton de la 23e compagnie du 3e régiment.

Le mouvement en arrière continue, les 4 pièces de la 1re batterie prennent position près de la pagode Balny, sur un tertre qui domine le terrain environnant.

L'ennemi semble cesser sa poursuite. Les groupes que l'on aperçoit au loin sont canonnés par les 2 pièces de la section du sous-lieutenant Simon.

Toute la colonne est en position en arrière de la digue à 5 h. 1/4 du soir, prête à repousser toutes les attaques.

Les hommes qui sont restés, toute la journée, dans l'eau sous le feu de l'ennemi, sont harassés de fatigue.

Tous les coolies se sont enfuis, abandonnant les bagages à la pagode *Balny*; située un peu en arrière de la digue.

Les tués et les blessés ont dû être portés à Hanoï par des combattants (1/10 de l'effectif européen est hors de combat).

Tenter un retour offensif est impossible, rester sur la digue en position défensive est inutile, et le général commandant en chef donne l'ordre de se replier.

A 5 h. 1/2 les troupes rentrent à Hanoï ; elles arrivent à la citadelle, à 6 h. 45, sans avoir été inquiétées, mais absolument exténuées.

Aucun blessé, aucune caisse à munitions, aucun bagage n'est laissé en arrière.

La 1re batterie a consommé dans cette journée 147 obus et l'infanterie 19,422 cartouches.

Les artilleurs blessés sont au nombre de 8, savoir :

1re batterie, 1re section.

Lieutenant en premier Teillard d'Eyry ;
Maréchal des logis Chabrol ;
Artificier Damelincourt, mort des suites de ses blessures ;
2es canonniers servants : Crausse ; Mayoux, mort des suites de ses blessures ; Grépieu, mort le soir même ;
Aide maréchal ferrant Delafoy.

Section de munitions.

1er canonnier-servant Dervaux, mort le soir même.

L'aide-major Mondon est blessé au défaut de l'épaule au commencement du combat ; pendant toute la journée il soigne les blessés et surveille le service d'évacuation.

Le total des pertes s'élève à 9 tués, dont 1 officier, et 50 blessés, dont 2 officiers, non compris une dizaine de Drapeaux-Jaunes tués ou blessés.

2° Opérations de la colonne du centre.

Le point initial de la colonne du centre est la porte nord de la citadelle.

Arrivé à Yen-Taï, à 6 h. 1/2, le commandant de la colonne laisse une compagnie et une section de la 2e batterie pour observer Noï et se dirige, avec le reste de la colonne, sur le fort de Phu-Hoaï.

Le terrain est extrêmement mauvais et la 2e section, obligée de passer à travers les rizières, éprouve bientôt de grandes difficultés à suivre l'infanterie ; elle est renvoyée à Yen-Taï.

Le commandant de la colonne se porte alors, à 8 h. 1/2, de Phu-Hoaï, qu'il a trouvé inoccupé, sur Noï, en même temps que le détachement laissé à Yen-Taï et l'artillerie.

Le convoi reste à Yen-Taï.

La colonne occupe Noï et l'artillerie, placée à la pagode de ce village, canonne, à 1,600 et 1,800 mètres, l'ennemi qui occupe Yen.

A midi et demi, la canonnade cesse et toute la colonne se repose à Noï.

A 2 h. 1/2, la 2ᵉ batterie dirige quelques obus sur les ennemis qui menacent le flanc nord de la colonne de gauche, qui bat en retraite.

A 4 heures du soir, la colonne du centre a ses communications coupées avec son convoi et les deux autres colonnes ; elle passe, sans être inquiétée par l'ennemi, la nuit à Noï, qui a été mis en état de défense.

Elle rentre à Hanoï le 15, à 3 heures du soir, avec les trois compagnies qui, sous les ordres du chef de bataillon Berger, ont été envoyées le matin d'Hanoï, pour lui porter un secours, rendu inutile par suite de la retraite de l'ennemi, causée par l'attitude calme de nos troupes et une pluie torrentielle qui n'a pas cessé de tomber toute la nuit.

L'artillerie n'a eu ni tué ni blessé.

L'infanterie a eu un tué et trois blessés.

La 2ᵉ batterie était attelée à deux, de petits chevaux annamites. Ces chevaux, d'une taille de 1ᵐ,20 environ, sont très vigoureux : ils ont montré une grande énergie et une très grande bonne volonté à traîner les pièces. Néanmoins, ils seraient, probablement, très rapidement usés si on les employait longtemps à ce service de trait, pour lequel ils ne sont pas faits. Le poids du canon sur affût avec avant-train est trop lourd pour deux de ces animaux.

3° *Opérations de la colonne de droite.*

A 3 h. 30 du matin, la colonne est prête à partir du blockhaus de la porte nord ; le départ de l'avant-garde a lieu à 3 h. 45.

Le chemin suivi est une digue construite pour opposer une barrière aux crues du fleuve Rouge, aux époques des hautes eaux (août, septembre); cette digue sert en même temps de voie de communication et relie les nombreux villages qui se pressent sans interruption de Hanoï au Day.

La 3° batterie a deux sections, attelées à deux, l'une avec des chevaux tartares, l'autre avec de petits chevaux annamites. Les chevaux annamites sont dociles, les chevaux tartares le sont peu. La résistance qu'ils opposent et le mauvais état de la route font que l'artillerie avance avec peine et que l'infanterie est souvent obligée de s'arrêter pour l'attendre.

A 7 h. 15, l'avant-garde rencontre une 1ʳᵉ barricade, à l'entrée du village de Trem ; elle est canonnée et enlevée; une 2° et une 3° barricades, à l'intérieur du village, sont également prises.

L'attaque d'une 4° barricade, placée assez en avant de la pagode des Quatre Colonnes, bombardée par la flottille depuis le matin, ne réussit pas; il est 11 h. 30.

Les hommes se reposent alors; 2 morts et 11 blessés sont transportés sur la *Fanfare*.

A 4 heures l'attaque est reprise.

La 3e batterie prend position sur le seul point d'où elle ait des vues et bombarde vivement une pagode entourée d'une haie très forte, placée en arrière et au sud du village de Trem. Cette pagode, tout à fait isolée au milieu de la plaine, forme une véritable redoute qui est fortement occupée par l'ennemi.

Pendant ce temps, la flottille continue à couvrir d'obus la pagode des Quatre Colonnes, ainsi qu'une batterie qui, placée en arrière, enfile le fleuve Rouge et riposte vigoureusement aux bâtiments.

A 5 h. 30, l'ennemi se retire en désordre; la redoute est prise et la colonne s'y établit pour y passer la nuit sans aucun abri contre la pluie épouvantable qui tombe sans discontinuité.

Le lendemain matin, à 5 h. 30, la colonne va occuper la pagode des Quatre Colonnes qui a été évacuée par l'ennemi; elle s'y installe, car elle ne peut continuer sa marche, par suite de la fatigue des hommes et d'une crue subite du fleuve, causée par la pluie.

Le soir, vers 9 heures, la pagode est inondée et les hommes ont de l'eau jusqu'à la ceinture.

Le 17, à une heure et demie du matin, l'eau monte toujours et la digue menace de crever au-dessus de la pagode et d'emporter celle-ci.

Le commandant de la colonne fait alors embarquer tout le matériel et le personnel sur la flottille.

Les hommes et le matériel sont sur la digue que l'eau recouvre déjà; sous une pluie torrentielle, tous attendent avec calme leur tour d'embarquement.

A 3 h. 30, l'opération est terminée.

La digue crève, à ce moment, à environ 100 mètres au-dessous de la pagode des Quatre Colonnes ; heureusement, elle résiste au-dessus.

L'infanterie revient à Hanoï dans la journée.

Les troupes ont extrêmement souffert ; elles ont perdu une partie de leurs effets, de leurs approvisionnements et de leurs cartouches.

Le poste des Quatre Colonnes, que l'on a l'intention de conserver, est occupé par deux compagnies d'infanterie qui sont envoyées d'Hanoï.

Le 18, la 3e batterie revient à Hanoï, sur le *Pluvier* qui ramène aussi le colonel Bichot.

Les chevaux de la batterie n'ont pu être embarqués, ils restent momentanément à la pagode des Quatre Colonnes.

La 3e batterie a eu un homme blessé, le 1er canonnier-servant Dumont.

L'infanterie a eu 2 tués et 13 blessés, dont un officier.

Observations auxquelles ont donné lieu les opérations des 15 et 16 août.

1. — *Au point de vue balistique*, le canon de 4 rayé de montagne s'est montré, en général, suffisant ; à cette époque de l'année, où le pays est inondé, où les routes sont d'un parcours extrêmement difficile et où la pluie tombe à torrents, il offre, *au point de vue du service*,

cet avantage qu'il n'exige aucun soin ni entretien, et qu'il peut, sans inconvénient, culbuter dans la boue et dans l'eau sans se détériorer.

II. — L'avant-train en fer de 65 millimètres permet de transporter 36 coups avec la pièce, mais il a l'inconvénient d'augmenter beaucoup la longueur du système et le poids à traîner. La largeur des roues est trop petite; celles-ci, entrant profondément dans un sol détrempé, augmentent considérablement la résistance à la traction.

III. — Les pièces ne doivent être traînées par les hommes que lorsqu'il est absolument impossible de faire autrement, car au bout d'une journée de combat, les canonniers qui ont été obligés de traîner et de servir les pièces, sont harassés de fatigue et à peu près incapables de renouveler les mêmes efforts, le lendemain.

Il est donc indispensable d'avoir des animaux dressés à traîner et à porter; les chevaux annamites, petits, mais vigoureux et énergiques, conviennent parfaitement pour les pièces de montagne. Des mulets sont pourtant préférables. Les chevaux tartares, qui ont été employés le 15, n'étant ni dressés, ni habitués aux Européens, il n'est pas étonnant qu'ils n'aient pu rendre de bons services.

IV. — Il est dangereux, si on a affaire à un ennemi sérieux, d'employer des coolies pour traîner les pièces ou porter des munitions, car, au moindre danger, ils lâchent pied.

Dans tous les cas, si on est forcé de s'en servir, on devra éviter de les amener jusque dans le rayon des balles de l'ennemi.

Il est d'ailleurs prudent d'avoir un nombre

de coolies double de celui qui est nécessaire, afin qu'ils puissent se relayer.

Les coolies doivent être embrigadés à l'avance.

Chaque fraction de troupe, compagnie, batterie, etc.... doit faire marquer, d'un signe distinctif et apparent, ceux qui lui sont affectés (un carré de toile blanc de 10 cent. de côté, cousu sur le caï-ao, portant en lettres de couleur la désignation du corps, par exemple AR 3 (artillerie, 3° batterie).

Pendant les opérations, chaque capitaine-commandant doit être chargé de surveiller, de nourrir et de payer ses coolies.

V. — Une des pointes en laiton, qui maintiennent le tampon en bois de la fusée Démarest, a été enlevée. Grâce à cette précaution, tous les projectiles éclatent au choc sur le sol, peu résistant, des rizières.

Du 17 au 30 août.

Les batteries ont repris leurs cantonnements, à Hanoï, et concourent à la reconstruction des quelques ouvrages défensifs, en partie détruits par les pluies.

Les pièces du matériel qui ont été détériorées sont envoyées au parc pour être réparées. Les munitions consommées sont remplacées.

Le 18, le blockhaus de la porte nord est achevé; il est armé d'une pièce de 4 rayé de montagne, enlevée de la terrasse de la Boulangerie, à la Concession.

Le 19, le sous-lieutenant Pointel, 2 sous-officiers, 1 brigadier et 19 canonniers s'embarquent sur le *Ruri-Maru*, avec 2 pièces de la 3° batterie, pour armer la pagode des Quatre Colonnes.

Une section du génie s'embarque également pour y faire les travaux de défense nécessaires.

Le courant du fleuve Rouge qui, le 18, était de 6 nœuds 1/2 n'est plus que de 4 à 5 nœuds ; néanmoins, les embarquements de troupe et de matériel sont encore très pénibles.

Le 22, tombe une pluie torrentielle. Un typhon très fort cause de grands dégâts.

Une paillotte, en construction près et au nord de la Concession, et destinée au casernement de la 3ᵉ batterie, est renversée.

Les toitures du parc et des casernements des batteries sont enlevées ; les hommes sont complétement exposés à la pluie, le sol est partout recouvert d'eau. Les communications avec la citadelle sont difficiles.

Le 17, à une heure du soir, arivent 32 nouveaux chevaux tartares amenés par le *Ruri-Maru* ; ils sont assez rétifs, et en aussi mauvais état que ceux amenés le 11. Ces derniers, bien soignés et exercés chaque jour à trainer et à porter depuis le 17, commencent à être plus dociles. Le 28 août, les réparations du matériel sont terminées, les munitions sont au complet, et les batteries sont prêtes à marcher.

12 canonniers sont actuellement à l'hôpital d'Hanoï.

L'effectif total de l'artillerie est de 16 officiers et de 401 hommes, en comprenant les hommes de parc et ceux de la 22ᵉ batterie, qui sont restés à Hanoï.

Les munitions en magasin sont dispersées dans des locaux en maçonnerie, mais peu propres à cet usage ; c'est malheureusement ce que l'on a pu trouver de mieux.

L'état de ces munitions est le suivant :

Etat des munitions existant en magasin.

NOMENCLATURE.	EXISTANT		TOTAL.
	à Hanoï.	à Haï-Phong.	
12 rayé de campagne.			
Obus oblongs ordinaires chargés pour combat..........	547	74	621
Obus oblongs à balles.......	388	76	464
Boîtes à mitraille...........	566	115	681
Sachets remplis de 1 kilog. de poudre.................	873	149	1 022
4 rayé de campagne.			
Obus oblongs ordinaires chargés pour combat..........	794	261	1 055
Obus oblongs à balles.......	505	232	737
Boîtes à mitraille...........	501	144	645
Sachets remplis de 0 k. 550 de poudre.................	1 669	570	2 239
4 rayé de montagne.			
Obus oblongs de 4 chargés pour combat..............	2 475	139	2 614
Boîtes à mitraille de 4......	826	30	856
Sachets remplis de 360 grammes de poudre...........	4 132	183	4 315
Sachets remplis de 100 grammes de poudre.............	165	»	165
Cartouches à balles pour (canons à balles....	8 700	»	8 700
fusil Mod. 1874....	1 008 220	12 131	1 020 351
pistolet - revolver (marine).........	8 080	157	8 237
Cartouches à obus pour canon-revolver..............	1 296	»	1 296
Cartouches de fulmi-coton sec de 100 grammes.........	160	»	»
Etoupilles à friction en cuivre.	4 023	1 348	5 375
— — plume.	9 921	»	9 921

Mouvements de troupes effectués les 30 et 31 août.

À la suite des affaires des 15 et 16 août, l'ennemi s'est retiré vers l'ouest ; il occupe en force Phong et les villages voisins de la rive droite du Day, gardant la grande route de Sontay.

Pour les opérations ultérieures, il est important de dégager tout le pays situé entre le Day et le fleuve Rouge et de permettre aux bâtiments de remonter, en toute sûreté, de Hanoï jusqu'au confluent du Day et au delà.

Le général commandant en chef décide donc que, malgré les conditions défavorables où l'on se trouve par suite de la température et des pluies continuelles, l'ennemi sera attaqué dans ses positions.

Le 28, le chef d'état-major (commandant Coronnat) part de la pagode des Quatre Colonnes, et exécute une reconnaissance jusqu'à Giay, avec une compagnie de tirailleurs annamites, 2 compagnies d'infanterie, une section de la 3e batterie (sous-lieutenant Pointel), 1 section du génie et 1 section d'ambulance : cette colonne est flanquée sur la droite par la *Fanfare* et la *Hache*.

Arrivées à Giay sans avoir rencontré l'ennemi, ces troupes rentrent au poste des Quatre Colonnes sous le commandement du chef de bataillon Berger ; le chef d'état major pousse jusqu'à Palan, avec les 2 canonnières et revient le 27 au soir à Hanoï.

Le 30, au matin, 2 nouvelles compagnies sont transportées par eau aux Quatre Colonnes, ce qui porte la garnison momentanée de ce poste à :

1 compagnie de tirailleurs annamites,

4 compagnies d'infanterie de marine,
1 section d'artillerie,
1   —   du génie,
1   —   d'ambulance.

Le 31, une compagnie d'infanterie est laissée à la garde de la pagode des Quatre Colonnes ; les autres troupes se dirigent à 5 h. 30 du matin sur Palan, par la digue du bord du fleuve, avec tous les chevaux des officiers montés, qui ont été amenés d'Hanoï, le 30, par terre ou par eau.

Cette colonne est précédée par les Drapeaux-Jaunes, qui, le 30, ont quitté Hanoï et sont venus, par la digue du bord du fleuve, coucher en avant de la pagode des Quatre Colonnes.

A la même heure partent, sur les bâtiments de la flottille et le *Ruri-Maru*, 2 compagnies de tirailleurs, 3 compagnies d'infanterie, 1 batterie de 6 pièces, sans chevaux de trait, 1 section du génie et 1 section d'ambulance.

La batterie est formée d'une section prise dans chacune des 1re, 2e et 3e batteries ; le matériel a été embarqué le 30 à 11 h. du matin, sur une jonque remorquée par le *Léopard*, qui porte le personnel de la batterie.

Le 31, à 3 heures du soir, toutes les troupes sont installées à Palan, malgré un accident arrivé en route à la *Trombe* qui revient à Hanoï, après avoir transbordé la compagnie qu'elle porte sur le *Pluvier*.

Le matériel d'artillerie est débarqué avec quelques difficultés, mais sans accident.

La *Fanfare* et le *Ruri-Maru* restent à Palan, et, à 3 h. 30, le reste de la flottille se dirige vers l'entrée de Day où elle mouille et fait reconnaître la passe par des chaloupes.

Combat des 1er et 2 septembre.

Le 1er septembre, à 7 heures du matin, les troupes, sous les ordres du général Bouët, se mettent en marche de Palan sur Phong (distance 5 kilomètres) en deux colonnes.

Celle de gauche, flanc-garde, comprenant la 2e compagnie de tirailleurs et les Drapeaux-Jaunes soutenus par la 25e compagnie du 4e régiment, suit un chemin dans la rizière ; celle de droite, comprenant le reste de la colonne, suit la digue, seul chemin praticable qui permette à l'artillerie d'aborder les retranchements ennemis.

Le général commandant en chef dirige l'opération ; le colonel d'infanterie de marine, Bichot, commande l'infanterie.

Composition des troupes d'opérations et des garnisons de Palan, de la pagode des Quatre Colonnes et d'Hanoï.

1° TROUPES D'OPÉRATIONS.

Etat-major.

Général d'infanterie de marine : Bouët, commandant en chef.

Chef de bataillon : Coronnat, chef d'état-major ;

Capitaine d'artillerie de marine : Régis, aide de camp ;

Lieutenant d'infanterie de marine : Lebas, officier d'ordonnance ;

Colonel d'infanterie de marine : Bichot, commandant l'infanterie.

Troupes.

Bataillon du 4ᵉ régiment d'infanterie de marine (chef de bataillon Roux, capitaine adjudant-major Bouchet) :

4ᵉ compagnie de tirailleurs annamites, capitaine de Beauquesne ;

25ᵉ compagnie du 4ᵉ régiment d'infanterie de marine, capitaine Drouin ;

26ᵉ compagnie du 4ᵉ régiment d'infanterie de marine, capitaine Taccoë ;

27ᵉ compagnie du 4ᵉ régiment d'infanterie de marine ; capitaine Lancelot.

Bataillon du 2ᵉ régiment d'infanterie de marine (chef de bataillon Berger, capitaine adjudant-major Lange) :

2ᵉ compagnie de tirailleurs annamites, capitaine Boulet ;

3ᵉ compagnie de tirailleurs annamites, capitaine Berger.

26ᵉ compagnie du 2ᵉ régiment d'infanterie de marine, capitaine Doucet ;

27ᵉ compagnie du 2ᵉ régiment d'infanterie de marine, capitaine Guérin de Fontjoyeuse.

Batterie d'artillerie de marine (capitaine Roussel) :

Section de la 1ʳᵉ batterie, sous-lieutenant Simon ;

Section de la 2ᵉ batterie, sous-lieutenant Guidou ;

Section de la 3ᵉ batterie, lieutenant en premier Rumeau.

Génie (capitaine Dupommier) : 2 sections.

Ambulance : 2 sections.

450 Drapeaux-Jaunes, capitaine Georges Vlavianos.

Les officiers et les hommes sont vêtus comme il a été dit page 20.

Les troupes emportent avec elles deux jours de vivres. Des vivres pour deux autres jours, apportés sur les bâtiments, sont placés dans un local à Palan sous la surveillance de M. le sous-commissaire Rouzeau.

Les sacs ont été laissés à Hanoï.

Les bâtiments de la flottille, sous le commandement du capitaine de frégate Morel-Beaulieu, sont au nombre de 6, savoir :

Pluvier : capitaine de frégate Morel-Beaulieu;
Léopard : lieutenant de vaisseau Ferrand ;
Fanfare : — — Ortolan;
Éclair : — — Thesmar;
Hache : — — Manceron ;
Mousqueton : — — Fortin.

2° GARNISON DE PALAN.

29ᵉ compagnie du 2ᵉ régiment d'infanterie de marine, capitaine Jay ;
Section d'artillerie de la 1ʳᵉ batterie *bis*, sous-lieutenant Pointel.

3° GARNISON DE LA PAGODE DES QUATRE COLONNES.

29ᵉ compagnie du 4ᵉ régiment d'infanterie de marine, capitaine Rauzier.

4° GARNISON D'HANOÏ (*).

État-major.

Lieutenant-colonel d'artillerie de marine Révillion, commandant supérieur;

Capitaine d'artillerie de marine Humbert, adjoint;

Chef de bataillon d'infanterie de marine Chevallier, commandant l'infanterie.

Infanterie.

Citadelle.

34° compagnie du 3° régiment d'infanterie de marine, capitaine Larivière;

36° compagnie du 3° régiment d'infanterie de marine, capitaine Lombard;

30° compagnie du 4° régiment d'infanterie de marine, capitaine Martellière.

Sapèquerie et blockhaus.

25° compagnie du 1er régiment d'infanterie de marine, capitaine Poulnot;

4° compagnie de tirailleurs annamites, capitaine de Bazaugour.

Concession.

33° compagnie du 2° régiment d'infanterie de marine, capitaine Trilha.

(*) La garnison de Nam Dinh n'a pas changé; la moitié de la 34° compagnie du 4° régiment a quitté Haï-Phong pour se rendre à Haï-Dzuong, pris le 17 août sans combat.

Artillerie.

Citadelle.

2 sections de la 1re batterie, capitaine Isoir ;
2 sections de la 2e batterie, capitaine Dupont ;
1 section de la 3e batterie, adjudant Reffel.

Rôle de l'artillerie dans les combats du 1er et du 2 septembre.

1er septembre.

A 8 h. 30, l'avant-garde engage, sur la digue, le feu avec l'ennemi.

La position des Drapeaux-Noirs dessine un vaste arc de cercle concave ; le centre est à Phong, la gauche a pour point d'appui les villages de Ha-Mô, de Than-Theune, et une pagode, en avant de ces deux villages ; la droite déborde la lisière de Phong vers l'est, où se voient de nombreux contingents annamites.

Le village de Than-Theune est fortement défendu par une haie épaisse de bambous et est protégé par la digue qui fait un premier coude brusque, en longeant sa lisière nord ; la pagode commande la digue suivie par la colonne principale.

Tout le terrain est recouvert d'eau, ayant une profondeur de près d'un mètre, à l'exception de la digue et du chemin suivi par notre colonne de gauche.

L'ennemi, avec une grande entente du terrain, a disposé ses troupes de manière à battre de tous les côtés, et surtout de son centre et de sa gauche, la digue qu'il a senti être notre chemin d'attaque presque unique.

Dans ces conditions, le général commandant en chef juge qu'il faut occuper l'ennemi, au centre et à sa droite, de manière à permettre le cheminement le long de la digue.

La section d'artillerie d'avant-garde ouvre un feu nourri sur le centre et lance quelques projectiles sur la droite de l'ennemi, pendant que l'infanterie s'avance en gagnant du terrain à droite.

Les quatre pièces du gros pendant ce temps canonnent vigoureusement la gauche.

Le commandant Berger s'avance à l'attaque de la pagode du centre, avec deux compagnies. La section d'avant-garde et les 4 pièces du gros, escortées de leur soutien, suivent et protègent l'attaque de leurs feux. La pagode est enlevée. Le village de Than-Theune, canonné par l'artillerie qui s'est postée jusqu'au premier coude de la digue, est brillamment emporté par trois compagnies d'infanterie, qui se précipitent à la baïonnette sur le village.

L'ennemi s'enfuit dans la direction de Phong, mais nos troupes, arrêtées par un feu violent parti du village de Ha-Mô et d'un fortin, placé à quelque distance de la digue, sont obligées de s'arrêter au débouché de Than-Theune.

Pendant ce temps, les Annamites de la droite ennemie sont refoulés par les Drapeaux-Jaunes, soutenus par une compagnie d'infanterie.

La chaleur est accablante, les munitions commencent à s'épuiser, les hommes sont enfoncés, pour la plupart, dans l'eau jusqu'à l'aisselle et sont obligés de tenir le fusil levé, pour que la culasse puisse continuer à fonctionner.

Le général en chef donne l'ordre de s'arrêter et, tandis que l'artillerie poursuit de ses feux l'ennemi qui continue à se retirer, les troupes prennent des positions défensives pour la nuit.

Des épaulements sont construits par l'artillerie, pour mettre les pièces à l'abri.

Vers le milieu de la journée, le sous-lieutenant d'artillerie de marine Guidou a été envoyé à Hanoï pour chercher des munitions. Il y arrive à trois heures par le *Kowlon* et en repart immédiatement avec 126 coups de 4 R. de M. et 50,760 cartouches pour fusil Mod. 1874.

Ces munitions sont distribuées aux batteries et aux hommes dans la soirée.

Les pièces se trouvent approvisionnées à 40 coups, et les hommes à 70 cartouches environ.

Pendant toute la journée, les canonnières, entrées dans le Day, ont canonné des masses importantes qui accouraient de Sontay au secours de Phong, et les ont obligées à faire un long détour et à aller passer la rivière assez loin, au sud de Phong.

La nuit se passe sans incident, sauf à notre droite où l'ennemi continue à tirer toute la nuit.

2 *septembre.*

Au point du jour, la 3e batterie, en position à notre droite, canonne les positions ennemies.

Les canonnières qui se sont avancées dans le Day, dirigent sur Phong un feu nourri et bien ajusté. L'ennemi, tout en résistant, continue à se retirer devant nos troupes qui s'avancent lentement, et, le soir, il est constaté qu'il a évacué ses positions après avoir subi des pertes sérieuses.

La pluie ne cesse de tomber ; les digues, seuls chemins qui permettraient de poursuivre l'ennemi, sont presque impraticables par suite de la hauteur des eaux dans les rizières, les hommes sont harassés de fatigue par deux jours de combat, et on ne peut que difficilement leur demander un nouvel effort.

D'autre part, il n'entre pas dans le plan du général commandant en chef d'immobiliser sur le Day une partie de ses troupes, déjà si peu nombreuses.

Pour ces raisons, la rentrée à Palan est décidée pour le lendemain et les troupes passent la nuit sur leurs positions sans être inquiétées.

Dans ces deux journées de combat :

L'infanterie a eu 16 tués dont 2 officiers, et 38 blessés dont 2 officiers.

L'artillerie n'a éprouvé aucune perte, bien que s'étant mise en batterie à des distances de l'ennemi variant entre 500 et 1,200 mètres.

50,000 cartouches d'infanterie et 155 obus ont été consommés.

3 *septembre.*

Les troupes se retirent sur Palan à 7 heures du matin, et y arrivent à 9 heures.

L'artillerie éprouve de grandes difficultés à cheminer sur la digue, le sol en étant devenu extrêmement boueux et glissant.

Dès le 1er septembre, une pagode avait été mise par le génie en état de défense à l'embranchement de la digue du bord du fleuve et de la digue ouest de Palan à Phong ; on y laisse comme garnison :

1 section de tirailleurs annamites,
1 compagnie d'infanterie de marine,
1 section de la 3ᵉ batterie *bis* (s.-lieutenant Pointel),
1 section du génie,
1 section d'ambulance.
3 canonnières mouillent à hauteur de ce poste.

Les autres troupes sont embarquées pour être ramenées à Hanoï.

Du 4 au 10 septembre.

Les troupes sont rentrées à Hanoï le 4.

Le poste de la pagode des Quatre Colonnes devient inutile, par suite de l'occupation de celui de Palan. On détruit tout ce qui pourrait servir de défense à l'ennemi et on l'évacue le 6.

Le 8, le parc répare et distribue aux miliciens tonkinois, levés et commandés par le capitaine d'infanterie de marine Puech :
56 fusils à âme lisse,
98 baïonnettes modèle 1866,
27 sabres-baïonnettes,
1 fusil de rempart,
420 lances.

Cet armement, envoyé en mauvais état d'Haï-Phong, provient de prises sur l'ennemi ou d'achats dans le commerce ; on est obligé d'y faire de nombreuses réparations ; il sera remplacé par un autre plus sérieux, lorsque les miliciens seront dressés et auront montré qu'ils sont réellement dévoués à notre cause.

Le 10, un blockhaus est commencé, en face

de la douane sur la route de Bac-Ninh, à 700 mètres environ de la rive gauche du fleuve Rouge.

1 section de 3ᵉ batterie *bis* (adjudant Bourgeois) prend position près de la douane, pour protéger les travailleurs en cas d'attaque de l'ennemi.

Le 11, la 3ᵉ batterie *bis* quitte la citadelle et vient occuper la paillotte qui a été construite, pour la recevoir, près du parc en dehors de la Concession.

La présence d'une batterie à la Concession est nécessitée par les embarquements et débarquements de matériel et de munitions, qui ont lieu presque chaque jour, et aussi pour l'armement des pièces de la Concession et de celles de la batterie dite de la *Douane*, qui se trouve au nord et à 100 mètres environ du Parc.

Le soir, à 8 heures 1/2, le général Bouët s'embarque sur le Song-Coï à destination de France.

Il est remplacé, dans le commandement en chef des troupes, par le colonel Bichot, qui a pour chef d'état-major le lieutenant-colonel d'infanterie de marine Badens succédant au chef de bataillon Coronnat.

Résumé de la situation générale au Tonkin et des résultats acquis sous le commandement du général Bouët.

Au milieu d'août, les troupes combattantes du corps expéditionnairecomprennent :

19 compagnies d'infanterie de marine (y compris la compagnie hors rang);

4 compagnies de tirailleurs annamites ;

3 batteries 1/2 d'artillerie de marine et un petit parc;

1 détachement de 90 hommes du génie et 11 officiers ou gardes chargés des constructions, appartenant tous à l'artillerie de la marine, sauf le capitaine chef du génie et 1 garde détachés par le ministère de la guerre;

10 gendarmes ;

450 Drapeaux-Jaunes.

Soit au total 140 officiers (y compris l'état-major), 4,200 hommes et 80 chevaux environ.

Le service administratif et le service de santé ne possèdent que les ressources absolument indispensables, en personnel et en matériel.

Nous tenons trois places : Hanoï, Haï-Phong et Nam-Dinh, dans lesquelles nous sommes investis par un ennemi dix fois plus nombreux que nous.

La population tonkinoise, à l'exception des mandarins qui voient leur position menacée, nous est en général sympathique. Elle n'ose pourtant se déclarer pour les Français, terrorisée qu'elle est par les menaces de ses mandarins, par les Drapeaux-Noirs et les intrigues de la Chine qui pousse à la résistance et promet des renforts. Notre petit nombre, d'ailleurs, lui fait craindre qu'il ne nous soit impossible d'établir notre domination sur le pays d'une façon définitive, et elle a encore le souvenir des représailles qui ont suivi notre évacuation du Tonkin en 1874.

Aussi trouvons-nous difficilement à embrigader les coolies qui nous sont nécessaires pour le transport des munitions et des vivres à la suite des colonnes.

Les misérables, que le besoin de vivre fait consentir à nous suivre, sont prêts à nous abandonner et à s'enfuir au premier danger.

Les paysans des environs des places que nous occupons, bien que désireux de vendre les bœufs qui sont nécessaires à notre subsistance, hésitent, malgré l'appât du gain, à nous les amener, et on est obligé de les y contraindre par la force.

La chaleur est accablante; le pays, complètement inondé, n'est praticable, pour nos colonnes, que sur un petit nombre de digues, où elles ne s'avancent que difficilement, un par un le plus souvent, rarement sur plus de deux hommes de front.

Il est indiscutable que l'époque de l'année où nous nous trouvons est absolument défavorable aux opérations.

Et pourtant, malgré toutes ces conditions mauvaises, les troupes de la garnison d'Hanoï vont au devant de l'ennemi, et elles parviennent à rejeter les Drapeaux-Noirs et les Tonkinois, qui font cause commune avec eux, jusque sur la rive gauche du Day.

Aucun obstacle n'arrête l'infanterie, qui déploie une énergie admirable.

L'artillerie, malgré le manque d'animaux dressés, montre que, bien servie et bien commandée, elle peut suivre l'infanterie partout. Par son tir, elle aide puissamment au succès des attaques, en chassant l'ennemi des nombreux villages qui, entourés de haies de bambous, de levées de terre et de fossés, sont autant de petites forteresses où la résistance est facile et acharnée. Tous les commandants de colonnes, d'ailleurs, sont unanimes pour faire l'éloge de son entrain et de son dévouement.

Mais, si les résultats acquis sont relativement considérables, les pertes sont sensibles.

Dans les différentes affaires, 28 hommes sont tués, dont 3 officiers, 104 sont blessés, dont 6 officiers.

La température, l'installation improvisée et défectueuse des hôpitaux, et aussi un peu, sans doute, le manque de médicaments convenables, font que presque tous les blessés sont condamnés à mourir des suites de leurs blessures.

Les malades d'ailleurs sont nombreux.

Dans ces conditions, il apparaît clairement que, *pour le moment*, les succès que l'on peut obtenir, à force d'énergie et de volonté, ne sont pas en rapport avec les pertes qu'ils doivent entraîner.

Enfin, le courage de l'ennemi, son entente de la guerre en ce pays et dans cette saison, son armement perfectionné, ses forces considérables qui vont toujours croissant, conduisent à admettre comme conclusion : que même dans la saison convenable pour les opérations, c'est-à-dire de novembre à avril, nos petits bataillons ne pourraient lutter avec succès contre les nombreux contingents des Drapeaux-Noirs, des Tonkinois et des Chinois, évidemment décidés à une résistance énergique (*).

Aussi, le général Bouët, d'accord avec le

(*) Les combats livrés aux ennemis et les renseignements obtenus permettent d'établir entre eux les comparaisons suivantes :

Les Tonkinois, rassemblés en bandes peu disciplinées, commandés par des chefs sans grande autorité, armés de lances ou de mauvais fusils, sont peu redoutables.

Les Chinois, hommes vigoureux et de forte taille, assez bien armés, ne craignant pas la mort, mais encore médiocrement organisés, se tiennent sur la défensive sur la rive gauche du *fleuve Rouge*, au delà du *canal des Rapides*. Ils attendent le moment d'agir, et *jusqu'à présent*, ils se contentent de se montrer de temps en temps en petits groupes dans les villages situés entre le *canal des Rapides* et le *fleuve Rouge*.

Les *Drapeaux-Noirs*, bandits chassés de leur pays, forcés de vivre de pillage, sont habitués à considérer le *Tonkin* comme un pays à exploiter. Les habitants, qui les craignent, n'osent leur résister. Bien armés, habitués au combat, ils sont devenus très habiles au tir du fusil et du canon. Ils excellent à élever rapidement des retranchements très bien compris.

Vigoureusement commandés par un vieux chef, *Lieou-Vinh-Phuoc*, dont l'autorité est indiscutée, ils lui obéissent aveuglément ainsi qu'à ses lieutenants.

Ils ont, de plus, cette qualité rare d'être ménagers de leurs munitions. Tranquillement, ils subissent le feu le plus violent de l'assaillant, tant que celui-ci n'arrive pas à 200 ou 300 mètres. A cette distance seulement, ils le criblent de balles bien dirigées, prêts à se faire tuer sur leurs retranchements, si ceux-ci sont emportés.

commissaire général civil, décide-t-il, après les opérations des 1er et 2 septembre, que l'on se maintiendra, momentanément, sur les positions conquises, en attendant l'arrivée des renforts absolument indispensables qui ont été instamment demandés à la métropole, dès le lendemain des affaires des 15 et 16 août, et qui sont réclamés de nouveau.

Dans la crainte que, en France, on ne se rende pas un compte suffisamment exact de la nécessité de l'envoi de nouvelles troupes au Tonkin, *le Commissaire général civil* donne au général Bouët la mission de se rendre à Paris, pour expliquer la situation au gouvernement.

CHAPITRE II.

COMMANDEMENT PAR INTÉRIM DU COLONEL BICHOT.

Du 12 septembre au 25 octobre.

12 septembre. — Quelques-uns des chevaux tartares ont été distribués aux officiers ayant droit à être montés, en commençant par les plus anciens ; deux d'entre ces animaux, atteints de la morve, ont été abattus (*). L'artillerie n'en a

---

(*) Sur les 112 chevaux tartares achetés à Shang-Haï, 15 ont été abattus successivement, depuis le moment de leur livraison à l'artillerie jusqu'au 13 novembre, 14 par suite de morve, 1 par suite de farcin. A partir du 13 novembre, la maladie a cessé momentanément ; les chevaux restants ont rendu tous les services qu'il était possible d'attendre d'animaux vieux et en mauvais état.

plus actuellement que 51 à sa disposition; ils sont répartis entre les 3 batteries, à raison de 17 par batterie. Chacune d'elles possède en outre 5 à 6 chevaux tonkinois, réquisitionnés, et qui doivent être bientôt rendus à leurs propriétaires.

14 septembre. — Les fondations de blockhaus en construction sur la rive gauche sortent de terre. Les travailleurs, composés d'indigènes surveillés par quelques soldats d'infanterie de marine, détachés au génie, sont, pendant le jour, gardés par une compagnie d'infanterie qui prend position dans le voisinage, afin d'éloigner l'ennemi. Le soir, les travailleurs et leur garde repassent le fleuve Rouge et reviennent à Hanoï.

Un parti ennemi détruit, pendant la nuit du 13 au 14, les fondations et disperse les matériaux déjà apportés; il se retire dans la direction de Bac-Ninh, à l'arrivée des ouvriers et des troupes de soutien, le 14, au matin.

Le dommage est facile à réparer, mais afin d'empêcher que ce fait ne se renouvelle, une compagnie d'infanterie, relevée chaque jour, est chargée de la garde du blockhaus, de jour et de nuit.

Une section d'artillerie, cantonnée près de la douane, se tient prête à passer le fleuve, en cas d'alerte.

16 septembre, — Les Drapeaux-Jaunes, après les combats des 1er et 2 septembre, sont revenus à Palan et ont pillé ce village ami; ils en ont maltraité les habitants et ont commis des actes de violence graves. Un d'entre eux a été décapité.

Ils sont mécontents et on les licencie.

Ils remettent à l'artillerie leurs armes et leurs munitions (439 fusils Remington, 40,000 cartouches); quelques-uns se mettent à la solde du service administratif, d'autres font du commerce, plusieurs passent, dit-on, à l'ennemi.

Dix télégraphistes militaires, sous les ordres du sous-lieutenant de tirailleurs algériens Saillard, débarquent avec un matériel de télégraphie optique.

18 septembre. — A une heure du matin arrivent encore par le *Ruri-Maru*, 39 chevaux tartares. L'un d'eux atteint du farcin est abattu. M. le vétérinaire Finet qui a été envoyé à Haï-Phong, pour veiller à leur installation, revient à Hanoï avec le lieutenant d'artillerie de la marine Foissac, envoyé en remonte à Hong-Kong. Pour le moment, l'artillerie ne doit plus recevoir d'autres animaux.

A 5 heures 30 du matin, l'avant-garde d'une colonne, sous les ordres du colonel Bichot, quitte la porte ouest de la citadelle et se dirige sur la route de Sontay.

Le but de la marche est de montrer nos troupes dans les lieux mêmes où les Drapeaux-Noirs ont cantonné si longtemps, et aussi d'aller chercher, pour les ramener à Hanoï, les têtes du commandant Rivière et de ses compagnons tombés, le 19 mai, entre les mains de l'ennemi.

D'après des renseignements fournis par Mgr Puginier, évêque français du Tonkin, qui les tient lui-même de quelques-uns des nombreux catholiques dont il dispose absolument, ces têtes, au nombre de 32, ont été enterrées à Kieu-Maï ou dans le voisinage de ce village.

La colonne comprend :

2 compagnies de tirailleurs annamites ;

6   —   d'infanterie de marine ;

Les 6 pièces de la 3e batterie, attelées de chevaux tartares ;

1 section du génie ;

2   —   d'ambulance.

Chaque pièce est approvisionnée à 40 coups.

L'infanterie a 72 cartouches par homme ; 36 dans la giberne et 36 dans l'étui-musette.

Tous les hommes portent un repas froid et 2 jours de vivres de réserve.

Les eaux, qui recouvraient tout le pays à l'ouest d'Hanoï jusqu'au *Day*, quelques jours auparavant, viennent de se retirer ; l'artillerie éprouve de très grandes difficultés à avancer sur le chemin encore détrempé.

De nombreuses coupures ont été pratiquées en avant et en arrière des retranchements devant lesquels nous avons été forcés de nous arrêter le 15 août. On est souvent obligé de dételer les pièces et de les porter à bras, ainsi que les caisses à munitions, à travers les rizières, pour tourner les coupures qui sont très profondes et remplies d'une boue épaisse.

Un chemin est pratiqué par le génie à travers les retranchements ; il contourne la batterie que l'ennemi avait établie pour enfiler la route. Des défenses accessoires ont été accumulées en avant du pont en pierre ; elles se composent d'abatis, formés de long bambous entrelacés à branches très pointues, ou de petits piquets faits de courts bambous à pointe acérée, très rapprochés les uns des autres et fixés solidement dans le sol.

La chaleur est accablante et les hommes souffrent beaucoup. Une fois les retranchements dépassés, l'infanterie se hâte de gagner ses cantonnements à Kieu-Maï, Phu-Rieu et Nuyen-Xa. L'artillerie, qui est restée en arrière, sous la protection d'une compagnie d'infanterie, n'occupe ses cantonnements qu'à 1 heure ; depuis 11 heures 1/2, l'infanterie est installée.

La tête et les mains du commandant Rivière, renfermées dans une boîte en bois laqué, sont trouvées à Kieu-Maï, près de la porte d'entrée principale et à l'intérieur du village. Les 34 têtes de ses compagnons sont exhumées d'une rizière, à 200 mètres environ à l'est de Kieu-Maï ; elles sont renfermées dans deux boîtes en bois blanc.

Les habitants des villages où nous cantonnons se sont enfuis, en grande partie, à notre approche ; ils craignent notre vengeance, car ils ont fourni des vivres aux Drapeaux-Noirs et les ont aidés à exécuter des travaux de défense dirigés contre nous. Le commandant de la colonne fait comprendre à ceux qui sont restés que personne n'a rien à redouter ; nous savons, en effet, que les habitants n'ont été les auxiliaires des Drapeaux-Noirs que contraints par la force.

Les villages sont ruinés ; nous n'y trouvons plus que quelques bœufs, quelques poulets et des œufs.

Nous payons ce dont nous avons besoin au prix qui nous est demandé. Les habitants paraissent étonnés et enchantés de ce procédé auquel ils sont peu habitués. Aussi, dans la soirée, une partie des pauvres gens qui se sont enfuis reviennent dans leurs maisons ; de nouveaux vivres sortent des cachettes et sont vendus aux soldats.

Les chefs des villages où nous cantonnons et ceux des villages voisins sont convoqués par le commandant de la colonne et se rendent à son appel. Il leur est ordonné de faire détruire les retranchements élevés par les Drapeaux-Noirs et de réparer la route. Immédiatement des corvées sont réunies et le travail commence. Ce sont vraisemblablement les mêmes travailleurs qui, par crainte de nous, détruisent ce qu'ils ont élevé pour obéir aux Drapeaux-Noirs.

La pluie a fortement dégradé les retranchements et l'eau en remplit les tranchées, de sorte qu'il est impossible actuellement d'y circuler.

Le lendemain, dès 5 h. 30 du matin, la colonne revient à Hanoï où elle arrive à 9 h. 1/2. La route a été réparée, en partie, elle offre moins de difficultés que la veille à la marche de l'artillerie, mais la chaleur est épouvantable, 2 soldats d'infanterie de marine meurent d'insolation.

22 septembre. — L'indemnité journalière de marche de 0 fr. 10, qui a été allouée par le général Bouët et payée jusqu'à ce jour à chaque homme de troupe du corps expéditionnaire, est supprimée par le Ministre; celle qui était allouée aux officiers est réduite de 5 fr. à 3 fr., pour les officiers supérieurs, et de 3 à 2 francs, pour les officiers subalternes.

23 septembre. — Les 39 chevaux tartares, arrivés le 18, sont répartis entre les 3 batteries qui se trouvent actuellement avoir chacune 30 chevaux. La 2e batterie quitte son logement et vient occuper celui que la 3e batterie a quitté, le 11 septembre, pour venir s'établir à la Concession.

A proximité du logement de chaque batterie, une écurie a été construite pour recevoir les chevaux qui, jusqu'à ces derniers jours, ont été placés à la Sapèquerie, à la Citadelle et à la Concession, dans de mauvaises paillottes transformées en écuries, ou sous d'autres abris non aménagés pour les recevoir.

25 septembre. — Les chevaux tonkinois réquisitionnés sont rendus à leurs propriétaires.

30 septembre. — La construction des paillottes, destinées à recevoir les renforts attendus, est très avancée; elles sont élevées à la Sapèquerie et à la Citadelle.

Les cases, servant d'annexe à l'hôpital, à la Concession, sont presque terminées.

L'artillerie a considérablement amélioré son casernement. Des forges ont été installées, des établis ont été construits. Une pièce du rez-de-chaussée de l'hôpital a été convertie en salle d'armes.

Les ateliers du parc sont toujours dans une paillotte, près et au nord de la Concession.

Les munitions sont emmagasinées dans deux petits bâtiments de la cour de l'hôpital et dans deux locaux, sous le mirador du réduit de la citadelle.

La population d'Hanoï augmente chaque jour, et partout règne la plus grande activité.

Les milices tonkinoises s'organisent.,

Les eaux commencent à baisser, la chaleur est encore grande et la saison ne se prête pas encore aux opérations militaires de longue durée.

Les pirates se montrent en grand nombre, principalement du côté d'Haï-Phong et du côté du Day.

2 octobre. — Une petite reconnaissance d'un bataillon, sous les ordres du commandant Chevallier, est effectuée sur la route de Phu-Ly.

3 octobre. — Le blockhaus de la rive gauche du fleuve Rouge est achevé. On y place une garnison composée de : 1 sous-officier et 35 hommes d'infanterie de marine, et 3 canonniers destinés à armer le canon de 4 de campagne qui y est placé pour battre la route de Bac-Ninh.

4 octobre. — Une reconnaissance de Phong et des environs est faite par une partie de la garnison de Palan.

5 octobre. — A 2 heures, débarquent à Hanoï les envoyés de la cour d'Hué, dont la mission est d'engager le peuple tonkinois à accepter notre protectorat et à respecter la convention conclue à Hué, le 25 août 1883, par M. le commissaire civil Harmand, à la suite des brillantes opérations de la division navale commandée par le contre-amiral Courbet.

Une demi-batterie d'artillerie salue ces ambassadeurs de 15 coups de canon.

6 octobre. — Deux petites pagodes, à la lisière nord du village de Ba-Tang, sont occupées par 1 compagnie d'infanterie de marine (128 hommes) et une section du génie (63 hommes, dont 50 Tonkinois), chargées de mettre ce poste en état de défense.

Les 28ᵉ et 29ᵉ compagnies du 1ᵉʳ régiment d'infanterie de marine arrivent à *Hanoï*, venant de *Cochinchine*, sous le commandement du chef de bataillon *Berlaux-Levillain*.

8 *octobre*. — Un bataillon d'infanterie de marine et 4 pièces de la 1re batterie attelées, sous les ordres du commandant Roux, se dirigent sur Phu-Hoaï.

Le but de la marche est d'exhumer le corps du commandant Rivière, qui est ramené le soir à Hanoï (*).

9 *octobre*. — Un bataillon d'infanterie de marine et 4 pièces attelées de la 2e batterie se dirigent sur le village catholique de Ke-Sei, souvent inquiété par les pirates et reviennent le soir à *Hanoï*.

Ces troupes sont sous les ordres du commandant Berger.

10 *octobre*. — Une reconnaissance d'un bataillon d'infanterie et d'une section de la 1re batterie, traînée par 16 coolies, sous les ordres du commandant Chevallier, est poussée sur la

---

(*) Les bataillons d'infanterie de marine sont uniformément composés de 1 compagnie de tirailleurs annamites et de 3 compagnies d'infanterie.

Chaque bataillon est suivi d'environ 4 cadres d'ambulance portés par des coolies ; chaque batterie a, avec elle, 2 cadres également portés par des coolies.

Pour les opérations d'un jour, les hommes emportent avec eux un repas froid et 72 cartouches (infanterie) ou 18 cartouches (artillerie). Pour les opérations de plusieurs jours, les hommes emportent avec eux 2 jours de vivres de réserve et 1 repas froid, 120 cartouches (infanterie), 18 cartouches (artillerie), et le sac contenant des objets de rechange, plus ou moins nombreux, suivant que la marche doit durer 2 ou 4 jours, ou davantage. Le sac est porté, suivant la température, par les hommes ou par des coolies, marchant entre le gros et l'arrière-garde.

rive gauche du fleuve Rouge ; elle reconnaît le terrain jusqu'à environ 3,500 mètres du block-khaus de la rive gauche, du côté du *Canal des Rapides*.

Les avant-postes chinois qui occupent les villages, au sud du canal des Rapides, se retirent devant nos troupes.

La colonne, n'ayant pas pour but d'engager une action inutile avec l'ennemi, s'arrête à 1,500 mètres du canal et revient à Hanoï.

11 octobre. — Reconnaissance exécutée sur la route du Pont-du-Roi, sous les ordres du commandant Roux, par un bataillon d'infanterie de marine et 4 pièces attelées de la 1re batterie.

Haï-Dzuong et Ninh-Binh sont pris sans combat.

Ninh-Binh est occupée par une garnison de 1 officier et 25 hommes.

12 octobre. — La route de Phu-Ly est explorée par une colonne de 1 bataillon d'infanterie de marine et de 4 pièces attelées de la 3e batterie, sous les ordres du commandant Lafont.

13 octobre. — Enterrement dans le cimetière de la Concession de la tête et du corps du commandant Rivière et des 31 têtes des victimes du 19 mai.

15 octobre. — Des ordres sévères sont donnés pour empêcher le ravitaillement des Drapeaux-Noirs, en munitions et en vivres, et surtout en sel ; on croit que cette denrée leur fait absolument défaut.

17 octobre. — La compagnie du poste de Palan revient à Hanoï, par Phong et la route de Sontay.

Le commandant Chevallier se porte d'Hanoï à sa rencontre, avec 2 bataillons d'infanterie et 4 pièces de la 2ᵉ batterie attelées, et est de retour à Hanoï le lendemain.

Le but de la marche est de faire placarder dans les villages la proclamation des ambassadeurs annamites, invitant la population à respecter le traité de Hué.

19 octobre. — Les fusils et les lances mis entre les mains des auxiliaires tonkinois sont marqués au parc d'un numéro d'ordre. Les 439 Remington, remis à l'artillerie par les Drapeaux-Jaunes licenciés, leur sont distribués.

20 octobre. — 2 compagnies de tirailleurs annamites, 1 bataillon d'infanterie de marine et les 6 pièces de la 1ʳᵉ batterie, traînées par 80 coolies, quittent Hanoï, sous le commandement du lieutenant-colonel Brionval ; ces troupes sont suivies d'un petit convoi de vivres et de bagages.

La colonne suit la route du Pont-du-Roi, Cau-Do, Ba-La, où elle se divise en deux fractions qui poussent jusqu'au Day. De nombreux pirates ont été signalés dans cette direction sur le Day. Une trentaine d'entre eux sont tués, les autres s'enfuient, traversent la rivière et vont se cacher dans les montagnes de la rive droite où ils ont leurs repaires.

Les troupes sont de retour à Hanoï le 23, à 9 heures 1/2 du matin ; elles ramènent 2 éléphants.

Le chemin suivi était extrêmement mauvais.

L'artillerie, traînée par des coolies et souvent par les canonniers, n'a pu suivre qu'avec de très grandes peines ; plusieurs fois on a été obligé de faire porter les pièces et les affûts,

A quelques kilomètres avant d'arriver au Day, la route devenant impraticable, le commandant de la colonne a laissé la batterie en arrière, sous la protection d'une compagnie d'infanterie, et l'a ramenée au retour.

24 octobre. — Le capitaine d'artillerie Isoir, commandant la 1re batterie *bis*, meurt à 4 heures du soir, à la suite d'une longue et douloureuse maladie. Cet officier avait été, comme nous l'avons déjà dit, frappé d'insolation pendant la journée du 15 août.

Depuis cette époque il n'avait pu quitter le lit.

25 octobre. — Le contre-amiral Courbet, nommé commandant en chef du corps expéditionnaire, arrive à Hanoï, à 4 h. 1/2 du soir, pour prendre la direction des opérations.

Le lieutenant-colonel Badens est son chef d'état-major.

Le colonel Bichot a le commandement supérieur des troupes.

Le contre-amiral Courbet amène avec lui le capitaine de frégate de Maigret, chef d'état-major de la division navale et le lieutenant de vaisseau de Jonquières, son aide de camp, ainsi qu'une batterie de 5 pièces de 65^{m}/$_{m}$ et de 3 pièces de 4 rayé de montagne, du corps de débarquement de la division navale.

La batterie est ainsi composée :

Officiers.

Amelot, lieutenant de vaisseau commandant la batterie ;

Ferrière, enseigne de vaisseau ;

Barbier, aspirant ;

Receveur, aspirant.

Troupes.

120 canonniers marins environ débarqués des vaisseaux : *Bayard, Atalante, Hamelin, Parseval, Kersaint, Château-Renaud.*

Résumé de la situation générale au Tonkin et des résultats acquis sous le commandement par intérim du colonel Bichot.

On attend les renforts qui doivent arriver de France, et on ne tente aucune opération sérieuse contre l'ennemi.

Mais les troupes ne restent pas inactives ; elles sont soumises à un entraînement continu. De petites colonnes rayonnent constamment autour de Hanoï, pour reconnaître le terrain, ramener la confiance chez les habitants et purger le pays des nombreux pirates qui le désolent.

Ces colonnes, composées de 1 ou 2 bataillons d'infanterie et de 2 à 6 pièces d'artillerie, se montrent dans toutes les directions et poussent quelquefois assez loin.

Des officiers sont chargés de lever le terrain parcouru ; leurs travaux fournissent les éléments d'une carte des environs d'Hanoï, qui est complétée par des renseignements et au moyen des cartes annamites.

L'artillerie prend part à toutes ces sorties ; les pièces sont traînées, tantôt par des chevaux tartares, qui commencent à être dressés, tantôt par des coolies.

Ceux-ci sont maintenant faciles à enrôler ; mais leur organisation laisse encore beaucoup à désirer. On ne les livre aux troupes, composant la colonne, qu'au moment de leur départ.

La ville d'Hanoï se repeuple de plus en plus ; de nouvelles cases s'élèvent, et les traces des ruines et des incendies, causés par les Drapeaux-Noirs, commencent à disparaître.

Les paysans des villages voisins apportent à la ville leurs denrées, dont le prix va en augmentant de jour en jour, car la grande consommation qui en est faite les rend de jour en jour plus rares. Les bœufs, surtout, ont plus que doublé de prix, depuis trois mois.

Le système de défense de Hanoï est complété par la construction du blockaus de la rive gauche et par la mise en état de défense des deux pagodes, au nord de Ba-Tang. Ces deux postes nous font prendre pied sur la rive gauche du fleuve Rouge et nous serviront plus tard de points d'appui pour les reconnaissances à exécuter dans la direction de Bac-Ninh.

Les citadelles de Haï-Dzuong et Ninh-Binh sont prises sans combat.

Le génie travaille activement à la construction des paillottes destinées à abriter les troupes de renfort et à améliorer les anciennes constructions.

Les milices indigènes, formées de partisans enrôlés à Hanoï et des anciennes levées de Nam-Dinh, sont habillées, formées en compagnies et armées. Elles sont sous le commandement du chef de bataillon d'infanterie de marine Bertaux-Levillain.

Le parc répare et entretient les armes, le harnachement et le matériel d'artillerie (*) et confectionne de menus objets de toute sorte.

Les bâtiments de la flottille parcourent les rivières, pour exécuter des reconnaissances et protéger les riverains contre la piraterie.

Les échouages sont fréquents par suite de la baisse des eaux, qui s'accuse de jour en jour; mais ils sont généralement peu dangereux, grâce à l'habileté des capitaines.

Les envoyés de la cour de Hué arrivent à Hanoï; ils ont reçu la mission de prescrire aux mandarins tonkinois de se soumettre à la convention de Hué; on ne peut encore rien préjuger e l'efficacité de leur intervention.

CHAPITRE III.

COMMANDEMENT DU CONTRE-AMIRAL COURBET.

Du 26 octobre 1883 au 12 février 1884.

27 octobre. — Le capitaine d'artillerie Humbert est détaché à l'état-major du contre-amiral commandant en chef.

(*) Les crosses des affûts en fer, de 4 rayé de montagne et de 65 mill., reviennent presque toujours brisées après chaque sortie. Aussi pour permettre de continuer les marches, même avec des affûts à lunettes brisées, on délivre à chaque batterie 9 estropes en filin, à l'aide desquelles on relie la crosse brisée de l'affût à la cheville-ouvrière de l'avant-train. La traction de l'affût laisse bien un peu à désirer quand on emploie ce procédé, mais au moins on peut toujours marcher.

Le capitaine d'artillerie Guénot, chef du génie à Nam-Dinh, remplit les fonctions d'adjoint au lieutenant-colonel commandant l'artillerie.

28 *octobre*. — Le bataillon des marins des compagnies de débarquement (capitaine de frégate de Beaumont) est entièrement arrivé à Hanoï et est caserné à la citadelle ; il comprend trois compagnies de 130 hommes environ chacune.

31 *octobre*. — Le parc reçoit 506 carabines de gendarmerie, avec épées-baïonnettes et nécessaires d'armes, venant de Saïgon. Ces armes sont destinées à armer les auxiliaires tonkinois de nouvelle formation. Les · ceinturons, avec porte-épée-baïonnette manquent. On passe un marché avec un Chinois, qui les fera confectionner à Hanoï avec le mauvais cuir du pays, au prix de 1 piastre par ceinturon.

1ᵉʳ *novembre*. — Deux sentinelles du poste de Ba-Tang ont eu la tête coupée hier pendant la nuit, à environ 200 mètres du poste qu'elles étaient destinées à couvrir.

A 6 heures du matin, une colonne, commandée par le colonel Bichot, est rassemblée à la porte ouest de la citadelle ; elle comprend :

1 bataillon d'infanterie ;
3 pièces de la 2ᵉ batterie ;
1 section du génie ;
1 section d'ambulance.

Les pièces doivent être traînées par des coolies. Ceux-ci, mal dirigés, s'arrêtent et attendent à la porte sud-est. Le colonel commandant la colonne, ne les voyant pas arriver, renvoie dans ses cantonnements l'artillerie, qui a été traînée par les canonniers jusqu'à la porte ouest, et se met en marche avec le reste de la colonne.

La température est devenue supportable ; les troupes, vêtues de *caï-ao* et de *caï-quan*, emportent le sac avec 4 jours de vivres, la couverture, le pantalon de flanelle et la vareuse de molleton.

Un convoi de vivres est envoyé le 3 au matin à la rencontre de la colonne, qui revient à Hanoï, le 5, à 10 h. 1/2 du matin, après avoir parcouru la route de Hanoï à Phong, longé la rive gauche du Day jusqu'à Ra-Ba et suivi la route de Cau-Do et du Pont-du-Roi.

2 novembre. — Les habitants du village de Ba-Tang nous sont ouvertement hostiles ; ils ont des intelligences avec les Chinois de Bac-Ninh, et on est porté à supposer qu'ils ont aidé à assassiner les deux factionnaires tués le 31 octobre. Ils ont été frappés, pour ce fait, d'une contribution de 10,000 piastres, payable aujourd'hui à midi. Bien loin de se soumettre, ils refusent de payer et se mettent en état de défense.

La *Hache*, à midi, bombarde le village, et le *Pluvier* part, à 2 heures, emportant 1 compagnie d'infanterie et 2 sections de la 1re batterie. Le village, intimidé, se soumet, et les deux bâtiments, ainsi que les troupes, rentrent à Hanoï le soir à 7 heures, à l'exception d'une section d'infanterie laissée pour renforcer le poste.

5 novembre. — La 4e batterie *bis* de 4 R. de M., servie par l'artillerie de marine, arrive à Hanoï par le *Kiang-Nam*. Elle comprend 109 hommes et 3 officiers :

Roperh, capitaine-commandant ;
Lubin, lieutenant en 1er ;
Jacquot, sous-lieutenant.

Elle est casernée dans les bâtiments de la lunette nord de la citadelle, occupés antérieurement par la 2ᵉ batterie.

6 novembre. — De nombreuses troupes chinoises sont en mouvement dans la province de Bac-Ninh et d'Haï-Dzuong. Toutes les précautions sont prises à Hanoï pour repousser une attaque.

Les emplacements des pièces des batteries mobiles, sur les remparts de la citadelle, sont choisis et occupés; on les protège par des traverses contre les coups d'enfilade.

Les positions à prendre par l'infanterie, en cas d'attaque, sont aussi indiquées.

7 novembre. — 2 pièces de 12 rayées de campagne, approvisionnées chacune à 200 coups, 8 artilleurs de la 22ᵉ batterie, 100 auxiliaires tonkinois sont envoyés d'Hanoï à Haï-Dzuong pour occuper cette place, qui a une importance stratégique considérable, surtout au point de vue des opérations offensives à tenter ultérieurement contre Bac-Ninh, centre actuel de concentration des armées chinoises.

Une compagnie d'infanterie de marine est également envoyée d'Haï-Phong à Haï-Dzuong.

8 novembre. — Les 21ᵉ, 22ᵉ, 23ᵉ et 24ᵉ compagnies du 2ᵉ régiment d'infanterie de marine (chef de bataillon Dulieu) sont arrivées de France; amenées d'Haï-Phong à Hanoï, le 5 et le 8, par la *Trombe* et l'*Éclair*, elles sont casernées à la Sapèquerie, dans les paillottes récemment construites pour les recevoir.

Une ligne télégraphique aérienne est en construction, pour relier Hanoï à Haï-Phong.

Dans la soirée, le poste de Ba-Tang est menacé par des bandes de Chinois venant de Bac-Ninh. A 10 heures du soir, le *Pluvier* quitte Hanoï avec 1 compagnie d'infanterie de marine et 1 section d'artillerie, pour le renforcer. Les Chinois s'éloignent, le 9 au matin, du côté d'Haï-Dzuong, et le *Pluvier* revient à Hanoï avec les troupes de secours.

9 *novembre*. — Le fort de Phu-Moï, à l'ouest de Ninh-Binh, est occupé par 35 hommes et 1 officier.

Ninh-Binh est occupé par 25 hommes.

Ces deux postes, sentinelles avancées du côté du sud, nous gardent contre les agissements de la province annamite, remuante mais peu redoutable, de Than-Hoa.

11 *novembre*. — La 5° batterie *bis*, de 4 rayé de montagne, servie par l'artillerie de marine, arrive par la *Trombe* à Hanoï. Son effectif est le même que celui des quatre batteries envoyées précédemment, savoir :

Officiers.

Capitaine-commandant Péricaud ;
Lieutenant en 1er Bigaut ;
Sous-lieutenant Ramade,
Et 109 hommes.

Elle est casernée dans les bâtiments de la porte nord, à l'intérieur de la Citadelle.

12 *novembre*. — Une paillotte spéciale a été construite près de la porte de France, entre celle-ci et la Concession. On y caserne un certain nombre de coolies, qui seront plus tard nécessaires pour les transports à la suite des colonnes.

Ces indigènes, que l'on a pu choisir, sont marqués d'un signe apparent sur le *cai-ao*; ils ont des chefs responsables et désignés, qui savent à peu près se faire obéir. Payés régulièrement tous les quinze jours, ils montrent beaucoup de bonne volonté parce qu'ils sont assurés d'un bien-être relatif.

L'appel en est fait avec soin, chaque jour, et on les utilise comme manœuvres, en attendant qu'on les emploie comme porteurs à la suite des troupes. Habitués dès maintenant à nous servir, ils nous rendront d'autres services que les coolies que l'on a racolés jusqu'ici, au hasard, la veille d'une sortie.

Ils serviront, de plus, à encadrer ceux, en plus grand nombre, qu'il pourra être nécessaire d'enrôler plus tard et à la hâte.

L'utilité de cette mesure, peu onéreuse (*), est d'ailleurs démontrée d'une manière incontestable par les excellents résultats obtenus à l'aide des auxiliaires indigènes du génie, levés et dressés, depuis la fin de juillet, par le chef de bataillon Dupommier. Recevant une solde journalière de séjour ou de marche, suivant le cas, mais constamment et régulièrement payés, ces Tonkinois se sont toujours montrés fidèles. Pas un n'a manqué les jours d'opérations et plusieurs se sont admirablement comportés devant l'ennemi.

(*) La solde journalière d'un coolie n'a jamais dépassé 0 fr. 80, et, avec cette somme, il est tenu de s'habiller, de se nourrir et de fournir le bambou et les cordes qui lui servent à porter les fardeaux.

Ils ont, de plus, coopéré à la construction des différents ouvrages de défense.

15 novembre. — Les deux bataillons de tirailleurs algériens et le bataillon de la légion étrangère, formant le régiment de marche du 19ᵉ corps (lieutenant-colonel du 1ᵉʳ régiment de tirailleurs algériens Belin), arrivent successivement à Hanoï les 11, 12, 13, 14 et 15.

Le régiment est entièrement caserné à la citadelle, dans les paillottes récemment construites entre la porte est et le réduit.

Avec le régiment arrivent 30 chevaux arabes, dont la haute taille excite l'étonnement de la population d'Hanoï.

Le nombre de cadres servant au transport des blessés ne s'élève actuellement qu'à 44 ; 50 nouveaux cadres sont en construction.

16 novembre. — Le service des renseignements annonce comme probable une attaque à bref délai d'Hanoï par les Drapeaux-Noirs. Toutes les dispositions sont prises pour que, à la première alerte, les troupes et les canons se trouvent postés en des endroits choisis et désignés déjà depuis longtemps.

Les glacis de la citadelle sont plantés d'arbres et recouverts de constructions, qui facilitent l'approche de l'assaillant et gênent les vues et l'efficacité des feux.

Le génie commence à détruire tous ces couverts ; il barre aussi, au moyen de palanques, les brèches faites dans le parapet de la citadelle par le commandant Rivière, après la prise d'Hanoï, et qui jusqu'ici sont restées ouvertes.

Une batterie de 6 canons de 80 millimètres de campagne du modèle dit irrégulier, arrive à Hanoï.

Un télémètre Goulier fait partie du matériel de cette batterie. L'artillerie manquait jusqu'à présent d'instruments destinés à mesurer les distances (*).

17 novembre. — Depuis plusieurs jours, de nombreuses bandes chinoises sont signalées se dirigeant de Bac-Ninh du côté d'Haï-Dzuong.

Quelques-unes d'entre elles sont vues du poste de Ba-Tang.

Une colonne composée de :

2 bataillons d'infanterie de marine ;

1 section d'artillerie de la 1re batterie traînée ;

1 section du génie ;

1 section d'ambulance,

est transportée par l'*Éclair* sur la rive gauche du fleuve Rouge, en face la douane.

Les hommes portent le sac, quatre jours de vivres de réserve et 120 cartouches.

Les pièces et les coolies destinés à les traîner, ainsi que les coolies porteurs de cadres et de bagages, ont été embarqués la veille sur une jonque qui est remorquée par une chaloupe à vapeur.

Les troupes, sous les ordres du lieutenant-colonel Brionval, se dirigent sur le canal des Rapides. Elles suivent la digue qui le longe au sud, et reviennent à Hanoï, le 19, sans avoir rencontré l'ennemi, qui a continué sa marche et

---

(*) Une caisse, contenant des instruments divers, destinés à l'artillerie, avait été expédiée au Tonkin, de Paris, le 27 mai 1883 ; elle fut retrouvée, un an après, au milieu des caisses à vivres de l'administration à Haï-Phong.

est arrivé à Haï-Dzuong, qu'il attaque le 17 au matin...

La petite garnison envoyée le 7 d'Hanoï et d'Haï-Phong occupe, d'une part, le *Mirador* et la *porte est de la citadelle*, qui ont été fortifiés provisoirement au moyen d'une palanque et d'un mur en briques sèches, et, d'autre part, un *petit fortin* situé sur le bord de l'eau et armé de 3 canons.

Entre la citadelle et le fleuve s'étend la ville d'Haï-Dzuong.

L'attaque de l'ennemi est vigoureusement menée, mais les postes occupés résistent énergiquement, et les Chinois perdent beaucoup de monde sans pouvoir les entamer. La *Carabine*, mouillée près de la ville, et le *Lynx*, qui arrive heureusement, achèvent de déterminer par leurs feux la retraite de l'ennemi, qui se retire après avoir réduit la ville en cendres.

Nos pertes sont les suivantes :

Tués : 5 auxiliaires tonkinois;

Blessés : 11 hommes de l'infanterie de marine, 7 matelots de la *Carabine* et quelques auxiliaires tonkinois.

Les pertes de l'ennemi sont considérables.

18 novembre. — L'ennemi semble menacer Haï-Phong; une compagnie d'infanterie de marine est envoyée pour renforcer cette place, ainsi que 1 pièce de 4 rayé de montagne avec 1 sous-officier et 7 hommes.

19 novembre. — Les trois compagnies du corps de débarquement (capitaine de frégate de Beaumont) et la batterie (lieutenant de vaisseau Amelot) sont envoyées à Haï-Dzuong pour y tenir garnison.

21 novembre. — Comme nous l'avons dit, un canon de 4 rayé de montagne, appartenant à la 2ᵉ batterie a été envoyé à Tourane, avec le capitaine de Bourayne, et un autre canon, de la même batterie, armait le bastion nord-ouest de la citadelle d'Hanoï. Ce dernier est rendu à la 2ᵉ batterie et remplacé par un canon de 4 rayé de campagne.

22 novembre. — Une colonne composée de :

2 bataillons d'infanterie de marine,
4 pièces de la 4ᵉ batterie traînées,
1 section du génie,
1 section d'ambulance,

sous les ordres du lieutenant-colonel Brionval, quitte au matin la porte ouest de la citadelle.

Les hommes emportent le sac, 4 jours de vivres de réserve et 120 cartouches.

Le but de la marche est de compléter les reconnaissances faites déjà du côté du Day et de pourchasser les pirates qui en infestent les rives.

M. l'administrateur des affaires indigènes, Masse, chef du service des renseignements, accompagne la colonne, qui passe par Vong, Nhou, Ra, La-Phu, Kinh-Bay, et revient à Hanoï, le 22, par la route de Cau-Do et du Pont-du-Roi.

Dans cette reconnaissance, chaque pièce est traînée par 15 coolies; malgré leur bonne volonté et l'aide des canonniers qui s'attellent aussi aux pièces, l'artillerie ne suit que difficilement l'infanterie, car les chemins sont absolument détestables. Le commandant de la colonne, qui aime à marcher très vite, la laisse chaque jour en arrière, sous la garde d'une section d'infanterie, et continue sa marche sans plus s'en inquiéter, de sorte qu'il arrive que les pièces se trouvent parfois à plus de 5 kilomètres en arrière de la colonne, qu'elles ne rejoignent qu'au cantonnement. Le service des canonniers, qui sont obligés très fréquemment de remplacer les coolies, promptement fatigués, est excessivement pénible.

24 *novembre*. — Le 23, à minuit, une section de la 3e batterie et un bataillon d'infanterie sous les ordres du chef de bataillon Dulieu, partent d'Hanoï sur la *Trombe* et l'*Éclair*. Ce dernier bâtiment remorque une jonque dans laquelle se trouve le matériel d'artillerie.

A 6 heures du matin, les troupes débarquent en face de Hung-Yen, à 1,200 mètres de la citadelle, et se mettent aussitôt en marche. Les pièces, au milieu du gros, sont facilement traînées par les canonniers.

A 200 mètres de la citadelle, la colonne part au pas gymnastique et y pénètre, sans coup férir, par la porte qui a été laissée ouverte, car notre arrivée n'a pu être signalée encore. On s'assure de la garnison et on prend le *Thuan-phu* qui, malgré le traité fait par l'Annam avec la France, continue à entretenir des intelligences avec les Chinois. On encloue 42 pièces de divers calibres et on jette à l'eau les munitions : 1,200 kilog. de poudre, 400 kilog. de soufre, 400 kilog. de salpêtre. On rapporte quelques instruments de précision, dont un mortier-pendule.

Le 25, à 4 heures du soir, les troupes sont de retour à Hanoï.

26 *novembre*. — 10,000 bambous sont réquisitionnés dans les villages voisins d'Hanoï pour achever la mise en état de défense de la place.

Les défenses d'Haï-Phong sont également améliorées.

27 *novembre.* — Le régiment de marche du 19ᵉ corps quitte à 7 heures du matin la porte ouest de la citadelle et prend la route de Sontay.

1 compagnie de tirailleurs annamites, 250 auxiliaires tonkinois, 4 pièces de la 5ᵒ batterie, attelées avec des chevaux empruntés aux 1ʳᵉ, 2ᵉ et 3ᵉ batteries, et 1 section d'ambulance avec 15 cadres accompagnent le régiment dans cette marche de quelques heures, qui doit servir d'expérience pour la manière de faire le paquetage.

Les hommes emportent le sac, 4 jours de vivres de réserve et 120 cartouches.

Deux coolies sont affectés à chaque compagnie, pour le transport des bagages des officiers, comme cela se fait habituellement dans les marches de plusieurs jours.

29 *novembre.* — Marche militaire du régiment du 19ᵉ corps en deux colonnes.

Les deux bataillons de tirailleurs algériens et un peloton de tirailleurs annamites prennent la route du Pont-du-Roi et vont cantonner à Cau-Do.

Le bataillon de la légion étrangère prend la route de Hué et va cantonner à Késet.

Les troupes emportent le sac, 2 jours de vivres de réserve et 120 cartouches; elles sont de retour le lendemain.

Le *Thuan-phu* de Hung-Yen est fusillé.

30 *novembre.* — Les portes de la citadelle sont fermées par des barrières en bambou.

Le retranchement, qui relie la concession au bastion sud-est de la citadelle, a été amélioré.

La plus grande partie des bâtiments de la flottille sont réunis à Hanoï.

Un très grand nombre de jonques numérotées, pouvant porter de 25 à 150 hommes, sont rangées devant la Concession en arrière des bâtiments.

1er et 2 décembre. — Une 1re colonne de 1 bataillon d'infanterie de marine, sous les ordres du commandant Roux, est dirigée sur la route de Pont-du-Roi et doit attaquer des pirates qui ont été signalés dans cette direction.

Une 2e colonne de 1 bataillon d'infanterie de marine, sous les ordres du commandant Berger, est dirigée sur la route de Sontay et doit se rabattre sur la pagode des Quatre Colonnes où est également envoyée, le 2 au matin, une colonne de 1 bataillon de tirailleurs algériens, sous les ordres du commandant Letellier.

Les deux dernières colonnes doivent pourchasser une bande de pirates qui, après avoir été attaquée par le poste de Palan, s'est réfugiée dans le voisinage de Trem.

3 décembre. — Vers une heure du matin, un petit parti ennemi s'approche du blockhaus de la rive gauche, et parvient, malgré le feu du défenseur, à en incendier la toiture en paillotte.

Deux compagnies sont immédiatement envoyées sur la rive gauche.

L'ennemi se retire après avoir laissé 3 cadavres au pied même du mur du blockhaus.

4 décembre. — Un bataillon du 19e régiment de marche,

Une section de la 4e batterie,

Une section d'ambulance, avec 6 cadres, exécutent une reconnaissance jusqu'à Nuyen-Xa. Après avoir passé la nuit dans ce village, les troupes rentrent à Hanoï.

5 *décembre.* — Reconnaissance par une section de tirailleurs annamites et 2 compagnies du régiment du 19° corps, du village de Ke-Cuoï où une bande de pirates est signalée.

La 6ᵉ batterie *bis* d'artillerie de marine arrive par la *Trombe*. Elle a le même effectif que les 5 premières, savoir :

Officiers :

Capitaine-commandant Dudraille ;
Lieutenant en 1ᵉʳ Henry ;
Sous-lieutenant Perroud ;
Et 109 hommes ;
mais son matériel se compose des canons de 65 ᵐ/ᵐ avec affûts et avant-trains en fer.

Elle est casernée dans les bâtiments de la porte ouest, à l'intérieur de la citadelle.

Les 1ʳᵉ, 2° et 3ᵉ batteries devant seules être attelées, on répartit entre elles les 30 conducteurs amenés par les 4ᵉ, 5° et 6ᵉ batteries.

La *Trombe* et l'*Éclair* sont armés d'un nouveau canon-revolver et sont protégées par des plaques de tôle de 3 mill. qui peuvent être mises ou enlevées facilement.

Il en est de même des autres canonnières.

7 *décembre.* — Une colonne, composée de deux compagnies d'infanterie de marine, d'un peloton de tirailleurs annamites et d'une section d'ambulance avec 4 cadres, sous les ordres du commandant Dulieu, se rend par la route du

Pont-du-Roi à Cau-Do où une bande de pirates est signalée ; 30 pirates sont pris et ramenés à Hanoï.

Une 2° colonne, composée de la même manière que la précédente, sous les ordres du commandant Roux, se rend, par la route de Sontay, à Phong, pour prendre des renseignements sur les villages avoisinant la route.

8 *décembre*. — Le bataillon de marins fusiliers (capitaine de frégate *Laguerre*) arrive à Hanoï ; il est caserné à la citadelle près du réduit.

La batterie de 65 $^{m}/_{m}$, du corps de débarquement, revient d'Haï-Dzuong à Hanoï.

La tour de la citadelle, sur le sommet de laquelle est installé un appareil optique de 40 cent. et un de 30 cent., est reliée optiquement :

1° Avec Palan, où est installé un appareil de 30 cent. sur un mirador de 20 mètres de hauteur, en dehors et à 400 mètres environ du poste occupé par les troupes.

2° Avec le poste de Ba-Tang, dans lequel est installé un appareil de 14 cent.

3° Avec le blockhaus de la rive gauche, dans lequel est installé un appareil de 14 centimètres.

Opérations contre Sontay du 10 au 17 décembre.

10 *décembre*. — Toutes les troupes de renfort, attendues, sont arrivées.

La saison est très favorable pour les opérations.

Les troupes, que des sorties fréquentes ont rompues aux fatigues de la marche, sont habituées au pays et ne demandent qu'à combattre.

De nombreuses reconnaissances, effectuées par de petites colonnes et par les bâtiments de la flottille, ont été poussées aussi loin que possible, pour obtenir des renseignements sérieux sur l'ennemi, sans compromettre la vie des hommes par des combats inutiles.

Les intentions de l'amiral Courbet sont tenues secrètes et l'ennemi ne sait si nos forces seront d'abord dirigées sur Bac-Ninh ou bien sur Sontay.

Les bâtiments de la flottille sont concentrés en grande partie à Hanoï; de nombreuses jonques de fort tonnage réquisitionnées, depuis quelques jours, pour porter les vivres, les munitions et l'artillerie, sont rangées devant la Concession avec leurs équipages indigènes.

Les coolies embrigadés d'une façon sérieuse, alléchés par l'espoir du pillage, s'offrent en grand nombre et paraissent disposés à nous suivre avec plaisir.

Deux ponts mobiles, pour l'embarquement et le débarquement des troupes, et aussi des échelles pour l'escalade, sont terminés par le génie.

Les mesures les plus minutieuses sont prises pour assurer le ravitaillement des troupes d'opération, en vivres et en munitions.

Toutes les places que nous occupons, et plus particulièrement Hanoï, sont à l'abri des tentatives d'un ennemi nombreux, au moins pour quelques jours.

Le 10 au soir, on voit enfin d'une façon certaine que Sontay est choisi, par le *commandement*, comme premier objectif de nos troupes.

Les raisons qui font prendre cette détermination paraissent être les suivantes :

En attaquant Bac-Ninh avant Sontay, une attaque d'Hanoï par les Drapeaux-Noirs, partant de Sontay, est très à craindre. Une pareille attaque peut avoir pour résultat la prise de la place, ou tout au moins être très dangereuse dans le cas où Bac-Ninh opposerait une résistance très forte, car les Drapeaux-Noirs sont hardis, braves, connaissent les points faibles de la défense et ont des intelligences dans la ville.

Au contraire, en attaquant d'abord Sontay, on retient les Drapeaux-Noirs dans les environs de cette place, on n'a que peu à craindre des tentatives des *Chinois*, se dirigeant de Bac-Ninh sur Hanoï, car le fleuve Rouge forme, pour eux, une barrière très difficile à franchir.

Haï-Dzuong, défendu par une garnison relativement forte, est capable de tenir pendant un temps plus considérable que celui qui nous est supposé nécessaire pour prendre Sontay.

A Nam-Dinh, à Nin-Binh et à Haï-Phong, on n'a à redouter que des attaques peu sérieuses de bandes tonkinoises, mal armées et mal commandées.

11 *décembre*. — Le 11 au matin, les troupes d'opérations contre Sontay quittent Hanoï et se mettent en route en deux colonnes.

La colonne de gauche, sous les ordres du lieutenant-colonel Belin, part de la porte ouest de la citadelle, à 6 heures, et suit la grande route de Sontay par Phong.

La colonne de droite, sous les ordres du colonel Bichot, s'embarque à 7 heures sur les bâtiments de la flottille, sur des bateaux de commerce réquisitionnés et sur des jonques remorquées.

Le *Pluvier* porte le pavillon amiral ; il a à son bord le commandant en chef et son état-major, le colonel Bichot, commandant supérieur des troupes des deux colonnes, et le lieutenant-colonel Révillion, commandant l'artillerie du corps expéditionnaire, avec son adjoint le capitaine Guénot.

Composition des colonnes et des garnisons pendant les opérations contre Sontay.

Commandant en chef et état-major général.

Contre-amiral Courbet, commandant en chef.

Lieutenant-colonel d'infanterie de marine Badens, chef d'état-major ;

Capitaine d'artillerie de marine Humbert, détaché à l'état-major ;

Lieutenant d'infanterie de marine Goldschœn, détaché à l'état-major ;

Officiers de marine :

Capitaine de frégate de Maigret, chef d'état-major de la division navale ;

Lieutenant de vaisseau de Jonquières, 1er aide de camp ;

Lieutenant de vaisseau Ravel, 2e aide de camp.

1o COLONNE DE GAUCHE.

Lieutenant-colonel au 1er régiment de tirailleurs algériens Belin, commandant la colonne ;

Régiment de marche du 19e corps :

Bataillon de la légion étrangère, chef de bataillon Donnier ;

Bataillon du 1ᵉʳ régiment de tirailleurs algériens, chef de bataillon Letellier ;

Bataillon du 3ᵉ régiment de tirailleurs algériens, chef de bataillon Jouneau.

4ᵉ bataillon d'infanterie de marine (*), chef
de bataillon Roux.

800 auxiliaires tonkinois, chef de bataillon
Bertaux-Levillain.

Artillerie :

1ʳᵉ batterie *bis* de 4 rayé de montagne, servie
par l'artillerie de marine et attelée de chevaux
tartares, capitaine Régis ;

2ᵉ batterie *bis* de 4 rayé de montagne, servie
par l'artillerie de marine et attelée de chevaux
tartares, capitaine Dupont ;

3ᵉ batterie *bis* de 4 rayé de montagne, servie
par l'artillerie de marine et attelée de chevaux
tartares, capitaine Roussel.

2 sections du génie, capitaine Dupommier ;

5 télégraphistes avec 2 appareils optiques ;

Ambulance du régiment de marche du 19ᵉ
corps ; ambulance du 4ᵉ bataillon d'infanterie
de marine ; convoi de bagages et de vivres
(portés par des coolies).

Chaque bataillon des troupes de la guerre
comprend environ 600 hommes, celui de l'infanterie de marine n'en comprend que 500.

Chaque batterie est attelée avec des chevaux

(*) Tous les bataillons d'infanterie de marine sont
uniformément composés d'une compagnie de tirailleurs annamites et de 3 compagnies d'infanterie de
marine.

tartares, et est servie par 80 canonniers; les 2 sections du génie ont 57 hommes (indigènes ou auxiliaires d'infanterie de marine).

Au total, l'effectif des combattants s'élève à 3,450 hommes environ.

Les coolies sont au nombre de 250 environ.

Actuellement, la température est bonne; la nuit et le matin on éprouve une sensation de froid; le jour, la chaleur est très supportable; aussi, tous les hommes sont vêtus du pantalon de flanelle ou de drap, du paletot de molleton ou de la veste et de la capote. Ils portent le sac, 4 jours de vivres de réserve et 120 cartouches.

2° COLONNE DE DROITE.

État-major.

Colonel d'infanterie de marine Bichot, commandant la colonne;

Chef de bataillon d'infanterie de marine Berger, adjoint;

Capitaine d'infanterie de marine Lango, aide de camp;

Lieutenant d'infanterie de marine Schillemans, officier d'ordonnance.

Troupes.

Infanterie de la marine (lieutenant-colonel de Maussion) :

1er bataillon, chef de bataillon Chevallier;
2e — — Dulieu:
3e — — Reygasse.
Fusiliers marins (capitaine de frégate Laguerre) :

1 bataillon à 4 compagnies,

Artillerie :

4° batterie *bis* de 4 rayé de montagne, servie par l'artillerie de la marine, capitaine Roperh :

5° batterie *bis* de 4 rayé de montagne, servie par l'artillerie de la marine, capitaine Péricaud ;

6° batterie *bis* de 65 mill., servie par l'artillerie de marine, capitaine Dudraille ;

Batterie de 65 mill. du corps de débarquement, lieutenant de vaisseau Amelot.

1 section du génie, garde d'artillerie de marine Sauer.

4 télégraphistes avec appareils optiques, sous-lieutenant Saillard.

Ambulance, médecin de 1re classe de la marine Masse.

Parc d'artillerie mobile, sous-lieutenant Rougery.

Services administratifs et vivres de réserve, aide-commissaire de la marine Rouzaud.

Bagages.

Coolies.

Chaque bataillon d'infanterie de marine est fort de 520 à 570 hommes ; le bataillon des fusiliers marins a un effectif de 590 hommes : chaque batterie est traînée par des coolies et est servie par 80 canonniers ; la section du génie s'élève à 32 hommes environ.

Au total, l'effectif des combattants s'élève à 2,600 hommes environ.

Les coolies sont au nombre de 1,000 environ.

Les hommes, les coolies, les chevaux d'officiers, le matériel d'artillerie, du génie et de la télégraphie optique, les bagages de la colonne de droite, ainsi que les munitions et les vivres de réserve des deux colonnes, sont portés par les bâtiments de la flottille et du commerce, et les jonques dont une partie est remorquée.

Les vivres, sur jonques non remorquées, suivent un peu en arrière, sous la conduite de l'aide-commissaire Rouzaud.

Le parc d'artillerie mobile comprend la batterie de 80 de campagne, chargée sur le *Cua-Cam*, et 4 jonques chargées de rechanges et de munitions d'artillerie ou d'infanterie. Un personnel de sous-chefs artificiers, d'artificiers et de canonniers, empruntés à toutes les batteries, est chargé du service de la batterie de 80 de campagne et de la distribution des munitions. Il est impossible de faire mieux avec les faibles ressources en personnel dont on dispose.

3° BATIMENTS DE LA FLOTTILLE ET DU COMMERCE ET JONQUES.

Les bâtiments sont sous les ordres du capitaine de frégate Morel-Beaulieu; ils comprennent :

Bâtiments de la flottille.

Portant des troupes :
Pluvier, capitaine de frégate Morel-Beaulieu ;
Trombe, lieutenant de vaisseau Capetter ;
Éclair.   —   Thesmar.
Surveillant et protégeant la marche :
Hache, lieutenant de vaisseau Linard ;
Mousqueton,   —   Fortin ;
Yatagan.   de Percin.

La *Fanfare*, lieutenant de vaisseau Ortolan, mouillée depuis longtemps au-dessus de Palan, dégage le cours du fleuve en amont.

Chargés des communications :

Chaloupe à vapeur, *Haï-Phong*, remorquée par le *Pluvier ;*

Yacht à vapeur *Antilope,*

— *Pélican ;*

Canots à vapeur nᵒˢ 1, 2 et 3.

Bâtiments du commerce.

Navires à vapeur :

Ruri-Maru ;
Kowlon, remorqué par le *Ruri-Maru ;*
Kiang-Nam ;
Tonkin ;
Sea-Cheune ;
Fy-Yen ;
Song-Coï.

Chaland : *Cua-Cam*, remorqué par le *Song-Coï.*

54 jonques.

4° GARNISON D'HANOÏ ET DE SES ANNEXES.

Lieutenant - colonel d'infanterie de marine Brionval, commandant supérieur.

Concession : Section hors rang et une compagnie d'infanterie de marine.

Camp des Lettrés, Sapèquerie et lunettes de Hué et des Mandarins : 2 compagnies d'infanterie de marine.

Citadelle et blockhaus : 2 compagnies d'infanterie de marine et 60 indisponibles de différents corps,

300 auxiliaires tonkinois sont répartis entre les différents postes.

100 artilleurs arment les différentes pièces de position dont l'emplacement a déjà été indiqué, page 25.

Palan : 1 peloton de tirailleurs annamites et une section d'infanterie de marine.

Blockhaus de la rive gauche du fleuve Rouge : 1 section d'infanterie de marine et artilleurs de la marine.

Ba-Tang : 1 compagnie d'infanterie de marine.

La *Surprise*, lieutenant de vaisseau Juhel, reste à Hanoï pour protéger la ville.

Nota. — Les garnisons des autres places, occupées par nous, sont :

Nam-Dinh : 2 compagnies d'infanterie de marine, 5 canonniers d'artillerie de marine.

Haï-Phong : 3 compagnies 1/4 d'infanterie de marine, 22 canonniers d'artillerie de marine.

Haï-Dzuong : Bataillon du corps de débarquement, 44 canonniers d'artillerie de marine, 1/2 batterie de 4 rayé de montagne du corps de débarquement.

Quang-Yen : 3/4 de compagnie d'infanterie de marine.

Ninh-Binh et fort de Phu-Moï : 60 hommes d'infanterie de marine.

Rôle de l'artillerie pendant les opérations contre Sontay.

MARCHES DES 11, 12, 13 ET 14 DÉCEMBRE.

1° *Colonne de droite.*

Le 11, à 9 h. 1/2 du matin, l'embarquement du personnel et du matériel est totalement terminé et les bâtiments quittent Hanoï, le *Pluvier* en tête.

A 3 h. 1/2 du soir, le débarquement des troupes commence au point choisi, à 500 mèt. au-dessus de l'entrée du Day, sur la rive gauche du fleuve Rouge.

L'opération n'est pas inquiétée par l'ennemi et, à 6 heures du soir, infanterie, artillerie, génie, chevaux et bagages sont à terre.

Mais avant de mettre les troupes en mouvement, il a fallu les rassembler après le débarquement, et il a été nécessaire, afin d'éviter toute surprise, de pousser des reconnaissances dans la direction du sud et de l'est, afin de fouiller les nombreux villages qui s'appuient au Day et forment un couvert non interrompu, parallèlement et à environ 1,000 mètres du fleuve Rouge.

Aussi, est-il plus de 5 h. 1/2 du soir lorsque le gros des troupes se porte en avant pour occuper les cantonnements situés entre le fleuve Rouge et la grande digue qui conduit de Phong à Sontay par Phu-Chau.

Les 4 batteries traînées par les coolies, aidés des canonniers, s'avancent à travers des terres labourées, sous le commandement du lieutenant-

L'Art. au Tonkin, I.

colonel Révillion. La nuit est arrivée et le ciel est couvert. Heureusement, il n'y a que 2 kilomètres environ à parcourir pour se rendre à l'emplacement désigné.

Arrivées dans le groupe de villages de Hât-Mon (*), près du Day, qui est choisi comme cantonnement, les batteries se casent comme elles peuvent, dans l'obscurité la plus profonde, et attendent le jour en se reposant sous la protection des troupes d'infanterie dont quelques-unes ont poussé jusqu'à la grande digue de Phong à Sontay.

Le quartier général s'établit au bivouac, sur le bord du fleuve Rouge ; il est en communication avec la colonne Belin, au moyen du télégraphe optique, l'appareil du poste de Palan servant d'intermédiaire entre les appareils des deux colonnes.

Les positions des troupes, forcément prises un peu au hasard, à cause de l'obscurité, sont rectifiées le 12 au matin, et la colonne se met en marche, à 3 heures du soir, pour prendre position sur une ligne, de 2 kilomètres de développement, à peu près perpendiculaire au fleuve.

La gauche est en avant de Phu-Chau, le centre à Xuyen-Van et la droite appuyée au fleuve, près du lieu où mouille la flottille.

L'état-major s'établit à 5 heures dans une pagode au nord de Xuyen-Van en première ligne.

(*) Les noms exacts des villages annamites sont très difficiles à connaître, et surtout à écrire exactement. Dans le récit que nous entreprenons, nous les écrivons avec l'orthographe qui leur a été donnée sur les croquis dressés par l'état-major général.

« L'artillerie, après de nombreuses marches et contre-marches dans un pays inconnu, isolée en arrière des troupes de l'infanterie, et sans guide pour la conduire, éprouve de très grandes difficultés pour suivre la direction voulue.

» Elle cantonne à la gauche du quartier général à Xuyen-Van et aussi en première ligne.

» A 6 h. 1/2 du soir, toutes les troupes occupent les positions choisies et bivouaquent ou cantonnent.

» Le pays traversé est plat et presque au niveau des plus hautes eaux, de sorte qu'il est à peu près sec à cette époque de l'année.

» De nombreux villages, très boisés, entourés de haies épaisses de bambous, qui en font de véritables petites forteresses, laissent entre eux des espaces couverts de rizières et des champs de riz, de patates, de maïs, de canne à sucre, qui se pressent sans que le plus petit espace de terrain reste inculte.

» Les habitants ont fui et la campagne est presque déserte. Il est très difficile de s'orienter au milieu de ce pays, dont l'horizon est borné à courte distance de tous les côtés, et où les troupes voisines ne sont entr'aperçues que très rarement.

Quelques habitants catholiques des environs viennent, pendant la nuit, apporter des renseignements sur l'ennemi. Celui-ci s'est retiré, paraît-il, à Son-Tay, qu'il occupe solidement ainsi que les villages situés autour de cette ville.

» Le 13 au matin, les bâtiments de la flottille tirent quelques coups de canon-revolver sur des sentinelles avancées de l'ennemi. A 7 heures, des distributions sont faites aux troupes à l'aide du convoi de vivres, sur jonques, qui est arrivé en arrière de la flottille, à hauteur de notre droite, conduit par l'aide-commissaire Rouzaud.

A 9 heures, l'avant-garde de la colonne de gauche, qui s'est arrêtée, à minuit et demi, un peu en arrière de Phu-Chau, arrive à hauteur de ce village.

Les troupes de la colonne Belin sont trop exténuées pour qu'il soit possible de continuer de suite la marche.

L'amiral décide que l'on attendra au lendemain pour se porter en avant.

Les troupes de la colonne de droite appuient vers le fleuve, de manière à laisser à leur extrême gauche la place nécessaire aux troupes de la colonne Belin, dont la gauche doit occuper Phu-Chau.

Le soir, à la tombée de la nuit, les troupes des deux colonnes expéditionnaires sont réunies et cantonnées ou bivouaquées en bataille sur une ligne différant peu de celle occupée la veille ; elle est très sensiblement droite et orientée sud-nord, et ses points d'appui extrêmes sont Phu-Chau, sur la grande digue, au sud, et le fleuve Rouge, au nord ; seul, le bataillon Roux, dans un village en avant du quartier général, forme une pointe peu avancée.

Les 4 batteries traînées (capitaines d'artillerie de marine Roperh, Péricaud et Dudraille, lieutenant de vaisseau Amelot) restent à Xuyen-Van, dans les positions occupées la veille ; elles ont, à leur gauche, le bataillon Dulieu, et à leur droite, le quartier général.

Les 3 batteries attelées de chevaux tartares (capitaines d'artillerie de marine Roussel, Dupont et Régis) sont près de Phu-Chau, ayant, à leur gauche, le bataillon de la légion étrangère et, à leur droite, le 1er bataillon de tirailleurs algériens.

Le lieutenant-colonel Révillion reste à Xuyen-Van.

Trois jours se sont donc écoulés, seulement, depuis le départ d'Hanoï jusqu'à la concentration des deux colonnes sur une ligne très forte, à moins de 10 kilomètres des premières défenses de l'ennemi.

Revenons maintenant à la marche de la colonne de gauche.

2° *Colonne de gauche.*

Cette colonne, partie d'Hanoï le 11, à 5 heures du matin, arrive sans incident à Phong, à 3 h. 1/2 du soir.

Une compagnie d'infanterie de marine, un peloton de tirailleurs annamites et 200 auxiliaires tonkinois sont envoyés en avant-garde sur la rive droite de la rivière ; le reste des troupes cantonne à Phong. Sous la protection des grand'gardes, le génie commence la construction d'un pont, au moyen de sampans et de radeaux réquisitionnés. Mais le Day, au point où la route le rencontre, est très rapide, il a environ 120 mètres de largeur, avec une profondeur de 5 à 6 mètres au milieu. Le nombre de sampans et les matériaux, dont on dispose, se trouvent être insuffisants et le pont auquel on a travaillé toute la nuit ne peut être achevé.

Le 12, à 6 h. 1/2 du matin, les troupes commencent à passer la rivière au moyen de 12 sampans et d'une seule jonque, qui font le va-etvient ; pendant que l'infanterie traverse, les 3 batteries, sous le commandement du capitaine Roussel, restent en colonne sur la route, attendant. Leur mouvement commence à 4 h. 1/2 ; le personnel, les chevaux et le matériel ne sont rendus en totalité sur la rive gauche qu'à 7 h. 1/2. Pendant ce temps, l'infanterie a continué sa route, à l'exception des deux compagnies d'infanterie de marine qui servent d'escorte à l'artillerie. Celle-ci se hâte pour essayer de rejoindre le gros de la colonne, mais la nuit rend très difficile la marche sur la digue, qui est surélevée au-dessus du sol et a, au sommet, une largeur de 2 mètres environ, ce qui la rend difficilement praticable, même pendant le jour.

Les batteries n'arrivent qu'à 3 heures du matin, à 2 kilomètres environ en arrière de Phu-Chau, que l'extrême pointe d'avant-garde a atteint à minuit et demi.

Les hommes et les chevaux, debout depuis la veille à 5 heures du matin, sont exténués de fatigue par cette marche de nuit.

La colonne s'est arrêtée et bivouaque dans l'ordre de marche.

Le 13, vers 10 heures du matin, les troupes se portent en avant et viennent se placer à la gauche de la colonne Bichot, comme il a été dit plus haut.

Marche des deux colonnes réunies.

Le 14, à 6 h. 1/2 du matin, le corps expéditionnaire se met en marche sur deux colonnes.

Celle de gauche suit la grande digue de Phu-

Chau à Tien-Loc; celle de droite s'avance par la route qui, parallèle au fleuve, part de Xuyen-Van et conduit non loin de Tien-Loc.

La flottille remonte le fleuve Rouge à petite vitesse.

Les deux colonnes ont conservé la même composition qu'au départ d'Hanoï, à cette exception près que les trois compagnies d'infanterie de marine du bataillon Roux font partie de la colonne de droite.

La rive droite du fleuve est longée par deux de ces compagnies, à l'avant-garde desquelles est porté un pavillon (dit de rectification), qui indique à la flottille les emplacements successifs des têtes des colonnes, qui communiquent fréquemment entre elles et marchent sensiblement à la même hauteur.

Les bâtiments de la flottille ont reçu l'ordre de diriger leur tir assez en avant des troupes les plus avancées pour ne pas les gêner dans leur marche.

Les villages, traversés successivement, deviennent de plus en plus déserts.

A 8 heures 3/4, les Drapeaux-Noirs tirent le premier coup de canon contre la flottille.

Ce coup est considérablement court; les bâtiments y répondent à peine et les troupes continuent à avancer.

A 9 h. 1/2, l'état-major général et la tête de la colonne de droite arrivent à hauteur de Tien-Loc, au pied est de la digue.

La tête de la colonne de gauche les rejoint un quart d'heure après.

La flottille prend ses dispositions de combat à notre hauteur.

Quelques coups de canon sont tirés par notre artillerie, postée sur la grande digue près de Tien-Loc, contre des retranchements ennemis qui se voient à peu de distance à l'ouest dans la plaine. Un nombre considérable d'indigènes, armés de lances et de boucliers en bois, s'enfuient à toute vitesse. Les auxiliaires tonkinois se portent en avant et masquent les pièces qui cessent leur feu.

L'amiral exécute immédiatement la reconnaissance du terrain et des défenses de l'ennemi, pendant que les troupes, qui arrivent successivement, se rassemblent et prennent position en arrière de la digue, qui les couvre contre les vues et les coups de l'ennemi, dans les environs du quartier-général.

Combats des 14, 15 et 16 décembre.

1º PRISE DE PHU-SA.

Description du terrain.

Avant de commencer le récit des opérations, il importe de donner une description succincte du terrain et des défenses, qui se présentent immédiatement devant nous.

Près de Tien-Loc, la digue venant du Day tombe sur la rive droite du fleuve Rouge, qu'elle longe ensuite en passant par Phu-Sa. Cette dernière partie est rongée en deux endroits par les eaux : elle a été doublée, au sud, par une nouvelle digue qui, passant à Linh-Chieu, rejoint l'ancienne à Phu-Sa.

Ces trois portions de digue forment un triangle

sensiblement isocèle, dont la base a environ 350 mètres et la hauteur 2,000 mètres.

A partir de Tien-Loc, l'intervalle entre les deux digues nord et sud est recouvert d'eau et impraticable sur une longueur de près de 700 mètres.

Plus loin est un petit village très boisé au milieu duquel on aperçoit distinctement une assez grande pagode.

Au delà du village le terrain redevient marécageux, et, à hauteur de Tien-Xuan, les deux digues sont barrées par une palissade terrassée.

A 150 mètres à l'est du saillant formé par leur rencontre (saillant de Phu-Sa), elles sont barrées chacune de nouveau par un parapet en terre armé d'un canon sous casemate qui les enfile dans la direction est. A hauteur de ces deux batteries casematées, un retranchement en terre relie les deux digues et bat le petit village dont nous avons parlé.

L'ensemble du retranchement et des deux portions de digue qui partent de chaque batterie casematée pour se joindre à Phu-Sa forment un ouvrage fermé, ayant la forme d'un triangle sensiblement équilatéral (ouvrages de Phu-Sa).

La face nord, précédée d'un fossé plein d'eau, est organisée en une batterie casematée de 6 pièces, ayant vue sur le fleuve, vers l'ouest, et sur le terrain qui le sépare de la digue. Chaque pièce a sa casemate très solidement construite, et entre les casemates sont des créneaux pour la fusillade.

La face sud est organisée de la même manière; elle bat le terrain qui la sépare de la partie nord-est de l'enceinte extérieure de Sontay.

Une porte défilée permet de communiquer avec la partie est de la digue.

Un mirador en bambous, placé près du saillant, domine tout le terrain au loin, et du haut de cet observatoire l'ennemi peut apercevoir la plus grande partie de nos mouvements.

Sur la lisière est le village de Phu-Sa est entouré d'un retranchement en terre, pourvu de créneaux, qui se relie à la digue sud et la flanque. Ce village et la plaine sont à 6 ou 7 mètres au-dessous du sommet de la digue.

Tous les abords des ouvrages sont garnis de petits piquets et d'abatis en bambous.

Près de la rive, à 300 mètres environ au N.-O. du saillant de Phu-Sa, un canon lisse de 16 centimètres (gros canon de Phu-Sa) enfile le fleuve dans la direction est. Cette pièce est protégée par un parapet et des traverses avec fossés intérieurs, où se cachent les servants lorsque le feu ennemi est trop vif.

A 2 kilomètres environ au sud-ouest de ce même saillant de Phu-Sa, la citadelle de Sontay est placée au centre de la ville.

Celle-ci est elle-même défendue par un fort parapet en terre, de plus de 4 kilomètres de développement, entouré en partie d'un large fossé, plein d'eau. Le parapet est percé d'embrasures et de créneaux, et est armé de canons nombreux.

A l'extérieur de cette enceinte, vers l'est, le terrain est couvert de pagodes et de villages, mis en état de défense.

L'attaque de Phu-Sa s'impose. — Dans les

conditions où nous nous trouvons, le fleuve nous offre les plus grandes facilités pour les ravitaillements et les évacuations.

La présence des bâtiments de la flottille, armés de canons puissants, en fait une ligne d'appui, très solide, pour notre droite. Il importe donc, afin d'assurer nos communications, avant de tenter l'attaque de la ville, de se rendre maître de tout le terrain, de Tien-Loc à Phu-Sa, défendu par un ennemi nombreux et résolu.

Phu-Sa tombé, nous aurons, dans les positions conquises, une base extrêmement forte longeant le fleuve, dont nous ne pourrons plus être coupés pendant nos attaques contre Sontay.

Rôle des batteries pendant l'attaque. — La reconnaissance terminée, la flottille reçoit l'ordre de canonner la pagode et le village, compris entre les deux digues qui paraissent fortement occupées par l'ennemi.

La 4ᵉ batterie (capitaine Roperh), placée au pied ouest de la digue qui va de Tien-Loc au fleuve, ouvre le feu sur les mêmes points que la flottille.

Pendant ce temps, sur la digue sud, s'avance le bataillon Dulieu flanqué dans la plaine, du côté de Linh-Chieu, par une compagnie d'auxiliaires tonkinois.

Il est 9 h. 50 minutes.

Le bataillon Reygasse suit le bataillon Dulieu, et, quelques instants après, 3 pièces de la 4ᵉ batterie (sous-lieutenant Jacquot) viennent prendre position sur la digue et font feu à gauche, tirant sur les villages de la plaine fortement occupés, et d'où part une fusillade très vive qui a arrêté le bataillon Dulieu sur la digue et l'a forcé à descendre et à se déployer dans la rizière au sud de la digue.

Les 3 pièces sont prises d'enfilade par les feux des ouvrages qui barrent la digue; deux pièces continuent à tirer sur les villages de la plaine, et la 3e, que l'on essaie d'abriter contre un épaulement, contre-bat les ouvrages de la digue.

Deux maréchaux des logis (les nommés Baudier et Beaufort) sont blessés successivement à cette pièce.

A 10 h. 1/2, le bataillon Roux et le bataillon Chevallier se sont avancés sur la digue nord.

Vers 11 heures, on cesse la canonnade dirigée sur la pagode et le village, qui sont ensuite occupés par nos troupes. Mais celles-ci sont alors arrêtées, dans leur marche, par un feu très vif partant des ouvrages de Phu-Sa.

A 12 h. 30, la 1re batterie (capitaine Régis) remplace, sur la digue, la demi-4e batterie, qui a épuisé toutes ses munitions et qui se retire pour se ravitailler. Trois pièces suivent ensuite dans la plaine le bataillon Dulieu et canonnent la partie est de l'enceinte extérieure de Sontay.

A 1 h. 1/4, la 5e batterie (capitaine Péricaud) et la 6e batterie (capitaine Dudraille) se placent dans l'intervalle, entre les deux digues, en avant de la pagode, et ouvrent le feu sur les ouvrages de Phu-Sa; elles prennent à revers les casemates de la face nord et de la face sud, et, directement, les pièces qui enfilent les digues vers l'est, ainsi que le retranchement qui relie les deux digues.

Vers 2 heures, la 2e batterie (capitaine Dupont), et deux sections de la 3e batterie (capitaine Roussel) se portent sur la digue sud et canonnent les pagodes et les villages qui arrêtent le bataillon Dulieu et le bataillon de la légion étrangère qui vient le renforcer.

Trois pièces de la 4e batterie (capitaine Roperh) prennent position sur la rive droite du fleuve, au nord de la digue, et canonnent, de concert avec la flottille, le gros canon de Phu-Sa et les casernes de la marine, qui l'avoisinent, et à hauteur desquelles se trouvent des jonques armées de canons.

A 2 h. 30, le bataillon du 3e tirailleurs (commandant Jouneau) se dirige entre la digue nord et le fleuve et prend position derrière une haie de bambous, à 400 mètres, environ, du saillant de Phu-Sa. Il est soutenu par la demi-4e batterie (capitaine Roperh).

Le bataillon du 1er tirailleur (commandant Letellier) est sur la digue entre Tien-Loc et Phuong-Dinh, surveillant un mouvement tournant, dessiné par l'ennemi qui sort de la porte est de l'enceinte extérieure.

Le bataillon de fusiliers marins (capitaine de frégate Laguerre) et la batterie de débarquement (lieutenant de vaisseau Amelot) sont en réserve à sa droite, derrière la digue ainsi que la demi-4e batterie (sous-lieutenant Jacquot).

De 3 h. 1/2 à 4 h. 1/2, trois des pièces de la 1re batterie, sur la digue sud, joignent leur feu à celui des 5e et 6e batteries, et les 15 pièces réunies couvrent d'obus, à moins de 900 mètres, l'ouvrage de Phu-Sa.

Les bataillons Dulieu et Reygasse, après avoir refoulé l'ennemi, assez au loin, dans la plaine, reviennent se placer près et sur la digue sud;

seul le bataillon de la légion étrangère (commandant Donnier) reste dans la plaine, pour tenir en respect et éloigner les bandes qui continuent à sortir de la porte est de l'enceinte extérieure.

A 4 h. 1/2 le feu des batteries et de la flottille cesse.

Le signal de l'assaut est donné.

Les troupes s'élancent avec un entrain admirable. Sur les digues nord et sud, les hommes sont obligés de défiler presque un par un ; ils passent à travers les brèches ouvertes, contournent ou escaladent les ouvrages de l'ennemi.

La plaine marécageuse, située en avant du retranchement, qui réunit les deux digues est traversée non sans difficulté. L'ennemi recule, disputant le terrain pas à pas, et fusillant à bout portant les têtes de colonne.

Rien n'arrête l'élan de nos braves soldats, qui arrivent pêle-mêle au saillant des deux digues.

Mais l'ennemi s'est rassemblé et s'est solidement établi derrière une barricade élevée en travers de la digue, à 100 mètres et à l'ouest du saillant, et dans un village sur la gauche à la même hauteur.

Par deux fois la tête de colonne donne l'assaut à cette barricade ; par deux fois elle est repoussée avec des pertes cruelles (*).

L'ennemi met le feu aux maisons qui précè-

(*) Quatorze des nôtres restent tués ou blessés au pied de cette barricade et ne peuvent être ramenés en arrière ; on retrouve le lendemain leurs corps décapités ; les têtes ont été emportées par l'ennemi.

dent ce retranchement et il devient impossible de marcher en avant.

La nuit approche : nos troupes se rallient.

Au saillant de Phu-Sa, le génie élève un retranchement pour les couvrir contre les feux violents partant sans interruption de la barricade.

Le bataillon de fusiliers marins est gardé en réserve, et tous les autres, déployés sur la digue sud, prêts à repousser toutes les attaques.

Les cases en paillottes, qui pourraient être encore incendiées par l'ennemi, sont détruites.

A 8 heures, toutes les batteries sont rentrées à leurs cantonnements, en arrière du quartier général, à l'exception de la 2e batterie, dont les 4 pièces (capitaine Dupont, sous-lieutenant Guidou, adjudant Santhonnax) sont à Phu-Sa, au saillant des deux digues, et d'une section de la 3e batterie (sous-lieutenant Pointel) restée avec le bataillon Letellier.

Les troupes sont ravitaillées en munitions et en vivres.

A minuit, les Drapeaux-Noirs, qui n'ont cessé de couvrir les deux digues de leurs feux, tentent un retour offensif furieux contre l'ouvrage de Phu-Sa. Heureusement c'est le moment de la pleine lune, le ciel est découvert et l'ennemi peut être aperçu ; il se précipite jusque sur le sommet de la digue, mais il est repoussé et se retire dans les villages au sud, d'où il continue à tirailler.

Le capitaine Dupont, avec ses chefs de section, va reconnaître alors un nouvel emplacement pour sa batterie dont les vues sont imparfaites. Il est blessé grièvement, ainsi que l'adjudant Santhonnax. Le sous-lieutenant Guidou prend le commandement et fait exécuter des épaulement rapides pour les pièces, malgré un feu très vif dirigé sur les travailleurs.

A 4 heures du matin les Drapeaux-Noirs tentent sur toute la ligne un nouveau mouvement offensif, qui est encore repoussé.

Alors ils profitent des dernières heures de la nuit pour évacuer tous les ouvrage du bord du fleuve et se renfermer dans l'enceinte extérieure de Sontay.

15 *décembre*.

Les troupes sont exténuées par la terrible nuit qu'elles viennent de passer.

La matinée leur est donnée pour se reposer et manger. Le ravitaillement en vivres et en munitions est continué.

Une reconnaissance est poussée du côté de Sontay ; la 2° batterie marche avec elle.

Le soir, à 3 heures, les troupes se portent en avant pour occuper les positions évacuées par l'ennemi.

Le mouvement dure toute la soirée, les batteries éprouvent de sérieuses difficultés à passer à travers les barricades et les traverses, qui obstruent la digue dont la largeur est peu considérable, et qui a été entaillée de façon à en faire un parapet dont la plongée est dirigée du côté du fleuve.

A 7 h. 1/2 du soir, le corps expéditionnaire est, presque tout entier, rangé en bataille le long et en arrière de la digue, face à Sontay, la droite au village des Poteries, la gauche à l'ouvrage de Phu-Sa, qui a été organisé en point d'appui solide à l'aide de retranchement exécutés par l'artillerie et le génie.

Les 4° et 5° batteries sont en position à Phu-Sa, prêtes à faire feu et abritées derrière des épaulements rapides.

Le quartier général est établi aux casernes de la marine, sur le bord du fleuve, en arrière de la 1re ligne.

Les batteries, autres que les 4° et 5°, sont en 2° ligne, cantonnées près du quartier général, avec le bataillon Roux, placé en réserve.

La flottille et le convoi mouillent près du quartier général.

Des dispositions sont prises pour débarquer la batterie de 80 de campagne.

La nuit se passe sans autres incidents que quelques coups de fusils échangés entre la légion étrangère et des tirailleurs ennemis ; ceux-ci incendient quelques maisons du village de Phu-Nhi.

16 décembre.

2° PRISE DE L'ENCEINTE EXTÉRIEURE DE SONTAY.

L'occupation de Phu-Sa et de la digue fortifiée, jusqu'à sa rencontre avec le village des Poteries, permet à l'amiral de reconnaître les défenses de Sontay, réduit des Drapeaux-Noirs, réputé inviolable.

Il décide que l'attaque principale aura lieu par la porte ouest de l'enceinte extérieure et qu'une fausse attaque sera dirigée, contre la porte nord, pour attirer de ce côté l'attention de l'ennemi qui y a accumulé ses plus puissants moyens de défense.

L'Art. au Tonkin. I.   8

Description du terrain. — Une description succincte du terrain des attaques facilitera le récit des mouvements des batteries.

Du saillant de Phu-Sa à Doaï-Phuong, la digue court parallèlement et à peu de distance du fleuve, en passant entre le village de Phu-Nhi et le village des Poteries ; elle a été entaillée en forme de parapet et celui-ci est percé de nombreuses embrasures à canon et de nombreux créneaux pour la fusillade.

Une route conduit des casernes de la marine à la porte nord de l'enceinte extérieure ; elle est bordée, de chaque côté, de nombreuses cases en briques ou en paillottes.

Une deuxième route mène du village de Doaï-Phuong à la porte ouest, en passant par le hameau de Ha-Tray.

Entre ces deux routes et la digue, le terrain à l'ouest de Ha-Tray est découvert et en partie marécageux ; à l'est, il est, au contraire, très couvert, et de la digue on n'aperçoit que rarement, à travers des éclaircies, quelques parties de l'enceinte extérieure et la tour de la citadelle de Sontay (18 mètres de hauteur).

Au sud de la route Ha-Tray-Doaï-Phuong, s'étend une plaine découverte, bornée par des collines à environ 3,000 mètres. Sur un petit mamelon au sud de Ha-Tray, et à environ 2,500 mètres, se détachent les terres jaunâtres d'un retranchement que les Drapeaux-Noirs n'ont pas eu le temps d'achever, et que les Annamites désignent sous le nom de nouvelle citadelle de Sontay.

La porte ouest de l'enceinte extérieure, placée au milieu d'un pan coupé de 30 mètres environ de longueur, qui relie les deux faces sud-ouest et nord-ouest, est murée et défendue par une batterie de 4 pièces. Afin de permettre les communications avec l'extérieur, une ouverture de 1 mètre de large est pratiquée à 10 mètres, au sud de la porte, à travers la haie épaisse de hauts bambous vifs, qui recouvre la berme du talus extérieur de la partie sud-ouest de l'enceinte. Ce passage est couvert par un tambour en palanques, et le chemin qui, contournant la porte murée, y aboutit, est barré par une porte palissadée. La partie sud-ouest de l'enceinte extérieure est précédée d'une rivière pleine d'eau, qui alimente un fossé creusé en avant de la porte ouest, sur lequel a été jeté un mauvais pont en bambous, à moitié détruit, sur le prolongement de la route de Ha-Tray.

Le parapet de l'enceinte extérieure a 3 mètres environ de hauteur ; il est percé d'embrasures et de créneaux revêtus en bois ou en clayonnage permettant aux défenseurs de tirer sans être vus du dehors ; il est protégé en avant, comme nous l'avons dit, dans la partie sud, ouest, par une haie épaisse de bambous et un fossé plein d'eau.

Malgré ces défenses formidables, cette partie de la fortification offre à l'attaque des conditions très favorables.

Les deux faces sud-ouest et nord-ouest de l'enceinte extérieure, qui partent de la porte ouest, forment, en effet, un angle très aigu et peuvent être facilement enfilés par l'assaillant.

La bissectrice des deux faces, prolongement de la route de Doaï-Phong à Ha-Tray, est la rue dite des Chinois. C'est le quartier le plus riche et le plus populeux de la ville.

Enfin le terrain bas et marécageux, près de la digue, entre Phu-Nhi et Doaï-Phuong, se relève peu à peu, de Ha-Tray à la porte ouest, permettant aux troupes de se défiler.

Les parties du terrain qui sont à découvert sont coupées de talus de 0^m,40 à 0^m,80 de hauteur et d'une épaisseur à peu près égale, destinés à séparer les rizières et à maintenir l'eau nécessaire à leur culture. Ces talus, orientés généralement nord-sud, forment des parapets naturels derrière lesquels l'infanterie et l'artillerie trouvent des abris presque suffisants contre le feu de l'ennemi.

Un petit hameau, au sud de la route de Ha-Tray, à 350 mètres environ en avant de la porte ouest, et un petit tertre isolé au nord, à 250 mètres environ de la même porte, ont une importance particulière.

Dès 2 h. 1/2 de l'après-midi, l'amiral et son état-major, ainsi que le colonel Bichot et le colonel Révillion, se sont portés au premier de ces deux points, sous le feu très vif de l'ennemi, tout à fait en avant des tirailleurs, pour reconnaître les défenses de l'ennemi.

C'est de cette position dangereuse que l'amiral envoie ses premiers ordres pour l'attaque.

Vers 4 heures, il occupe la 2e position, surveillant l'ennemi et dirigeant les mouvements de nos troupes.

Rôle des batteries pendant l'attaque. — Vers 7 heures, le bataillon Donnier fouille le village de Phu-Nhi, où il trouve cachés quelques Drapeaux-Noirs qui se font tuer. Arrivé à

la lisière sud, il est accueilli par quelques coups
de fusil dirigés de la portion nord-ouest de
l'enceinte extérieure. Il revient prendre son
poste sur la digue.

Le bataillon Letellier, envoyé en reconnaissance, arrive sans incident jusqu'à Ha-Tray, où
il est reçu par une vive fusillade, et en arrière
duquel il prend position. Il est 10 heures environ.

La 4ᵉ batterie (capitaine Roperh) prend position sur la digue à l'ouest de Phu-Nhi ; elle canonne la pagode de Mien-Hoï-Dong et la porte
ouest.

A ce moment, une forte colonne ennemie,
sortie de la porte sud de la ville, est aperçue
au pied des collines se dirigeant vers l'ouest
pour tenter un mouvement tournant sur notre
droite.

La 4ᵉ batterie, en enfonçant en terre les crosses
des affûts, dirige à 2.000 mètres quelques obus
sur cette troupe qui s'éloigne.

Le tir est continué lentement contre le premier objectif.

De 10 h. 1/2 à 2 h. 1/2, un feu très lent s'engage entre l'ennemi et nos troupes qui tâtent le
terrain et prennent leurs positions.

A 1 h. 1/2, la 2ᵉ batterie (lieutenant Vintemberger) et la batterie du corps de débarquement
(lieutenant de vaisseau Amelot) viennent prendre position sur la digue, à côté de la 4ᵉ batterie. Ces trois batteries canonnent la porte ouest
et la pagode de Mien-Hoï-Dong et de Dan-Son-
Xuyen.

A 2 h. 1/2, l'amiral arrive à Ha-Tray et s'a-
vance pour reconnaître les défenses ennemies.

A 3 heures, les positions occupées par les troupes sont les suivantes.

1º *Face à la porte ouest :*

Entre Ha-Tray et la pointe sud de Phu-Nhi; bataillon Dulieu.

Lisière sud de Phu-Nhi : bataillon Donnier.

Lisière ouest de Phu-Nhi : bataillon Laguerre.

En arrière de Phu-Nhi : bataillon Jouneau.

Sur la digue près de Phu-Nhi : batteries Vintemberger, Roperh, Amelot.

Sur la digue à l'ouest, surveillant le mouvement tournant de l'ennemi : bataillon Letellier.

2º *Face à la porte nord :*

Dans la rue conduisant à la porte nord : bataillon Chevallier, batterie Roussel.

En arrière sur la digue : bataillon Reygasse, batterie Régis.

3º *A Phu-Sa :*

Auxiliaires tonkinois.

Bataillon Roux.

Batteries Péricaud et Dudraille.

4º *Sur le fleuve près du village des Poteries :*

La flottille.

A 3 h. 10, les batteries qui sont sur la digue, près de Phu-Nhi, reçoivent l'ordre d'avancer successivement.

A 3 h. 1/2, la batterie Vintemberger prend position à la pointe sud de Phu-Nhi, en arrière de la pagode de Dinh-Phu-Nhi ; elle canonne, à 650 mètres environ, la porte ouest et les deux faces nord-ouest et sud-ouest de l'enceinte extérieure, qui ripostent. Quelques instants après, elle est renforcée par la batterie Amelot, qui se place à sa droite.

Le feu des 4 pièces ennemies est rapidement éteint.

La pagode de Mien-Hoï-Dong, qui a été évacuée, est occupée par 2 compagnies.

La batterie Roperh vient se placer au sud de la route de Ha-Tray, à l'ouest et à 400 mètres environ de la pagode de Mien-Hoï-Dong, et joint son feu à celui des batteries Vintemberger et Amelot.

L'infanterie s'avance à 300 mètres de la porte ouest.

Trois grands étendards noirs, à lettres blanches, sont agités au-dessus de la porte murée et sont enfin plantés au sommet du parapet.

Le feu redouble d'intensité de part et d'autre. Il est 4 heures.

Les bâtiments de la flotille canonnent la citadelle et l'ennemi, qui semble dessiner un mouvement tournant sur notre droite, que surveille le bataillon Letellier.

Le bataillon Chevallier rencontre à la porte nord une résistance inattendue et combat vigoureusement sans faire des progrès sensibles.

La batterie Roussel contrebat, sans relâche, à 300 mètres les pièces de l'enceinte avec 2 sections, tandis que la 3e section arrête sur la gauche un mouvement de flanc de l'ennemi.

La batterie Régis, à la droite du bataillon Reygasse, sur la digue, dirige son feu sur la pagode de Phu-Nhi et réduit au silence une pièce de l'enceinte que l'ennemi a démasquée.

Les 5ᵉ et 6ᵉ batteries, à Phu-Sa, canonnent l'ennemi, qui menace la gauche du bataillon Chevallier.

A 4 h. 1/2, la batterie Roperh et la batterie Amelot, après avoir péniblement traversé des marécages et des rizières, viennent se placer près de la porte ouest, à hauteur et à droite du petit tertre où se trouvent l'amiral avec son état-major, le colonel Bichot et le lieutenant-colonel Révillion.

Bientôt elles sont renforcées, à gauche de la route de Ha-Tray, par la batterie Vintemberger qui a presque épuisé toutes ses munitions (*). L'infanterie gagne du terrain sous la protection du feu de ces batteries ; toutes les pièces canonnent à 300 mètres les défenses de l'ennemi et, en particulier, la porte palissadée en travers de la route, donnant accès à l'ouverture pratiquée dans l'enceinte au sud de la porte ouest.

Il est 5 heures.

Un feu ininterrompu est dirigé contre l'ennemi qui répond avec moins de vigueur. Le soleil baisse.

(*) Dans toutes les positions occupées par les batteries, les pièces sont placées derrière des talus de rizières qui les protègent contre les coups de l'ennemi. Quelques coups de pelle et de pioche permettent de faire rapidement des embrasures.

C'est grâce à ces précautions que l'artillerie peut s'avancer à une distance aussi rapprochée de l'ennemi, et faire feu, pendant autant de temps, sans éprouver de pertes sensibles.

Le moment est venu de donner l'assaut.

L'artillerie cesse son feu ; les clairons sonnent la charge, l'amiral commande : *en avant.* Infanterie de marine, légion étrangère et fusiliers-marins se précipitent, pêle-mêle, avec un entrain irrésistible, en hurlant : *en avant et vive la France !*

C'est à qui arrivera le premier. Le spectacle est grandiose et émouvant. L'ennemi fusille à bout portant nos braves soldats qui se heurtent contre la porte ouest, ou sont arrêtés par les obstacles que l'artillerie n'a pu qu'imparfaitement briser (*). Plusieurs tombent bravement, mais rien n'arrête ceux qui survivent.

Enfin, nous sommes maîtres de la position malgré la ténacité de l'ennemi qui se fait tuer sur les retranchements. A la place des étendards noirs et blancs flotte le drapeau de la France.

L'amiral et son état-major entrent aussitôt à la suite des troupes ainsi que le colonel commandant supérieur des troupes, et le lieutenant-colonel commandant l'artillerie.

Il est 5 h. 3/4. La nuit se fait rapidement et il serait téméraire de poursuivre l'ennemi au milieu de l'obscurité et dans une ville inconnue.

La porte nord a été abandonnée par l'ennemi à la suite de la prise de la porte ouest; elle a été occupée par le bataillon Chevallier et la batterie Roussel.

(*) Les palissades en bambous se laissent traverser par les projectiles, mais tout ce qui n'est pas arraché et brisé plie et revient en place, constituant encore un obstacle difficile à franchir.

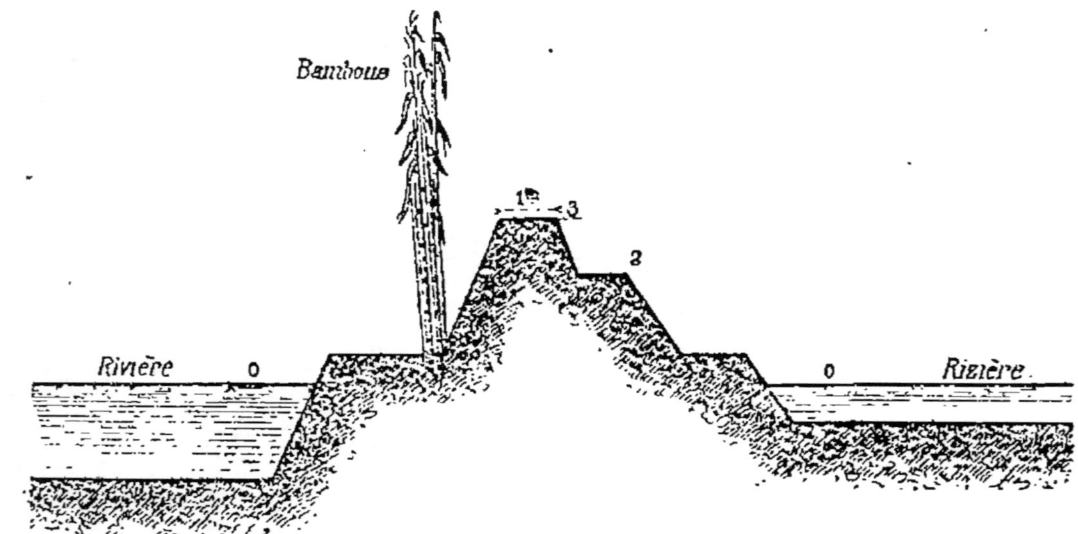

Coupe de l'enceinte extérieure au sud de la porte ouest (Échelle 1/200°).

Sur l'ordre de l'amiral, l'enceinte extérieure de la porte nord à la porte ouest et les rues allant de ces portes à la citadelle, sont occupées par 3 bataillons et la batterie Amelot.

Un bataillon reste à Phu-Nhi avec une section de la 2e batterie.

Les autres bataillons restent en position sur la digue.

Les 1re, 2e (excepté une section), 3e et 4e batteries rentrent à leur cantonnement, les 5e et 6e restent à Phu-Sa.

Des munitions d'artillerie et d'infanterie et des vivres sont envoyés aux troupes dès 7 heures du soir.

L'amiral et son état-major rentrent à 8 heures au quartier général.

17 *décembre.* — La nuit se passe dans un calme profond.

Dès que le jour paraît, on reconnaît les abords de la citadelle et on constate que l'ennemi l'a évacuée (*). Après la prise de la porte ouest, Drapeaux-Noirs et Tonkinois se sont enfuis précipitamment par la porte sud, abandonnant même une grande partie de leurs morts, ce qui pour eux est la dernière des hontes.

Les nombreux cadavres de l'ennemi, restés

(*) La citadelle de Sontay est un ouvrage carré de 300 mètres environ de côté. Le flanquement de chaque face est obtenu au moyen d'une tour demi-cylindrique placée au milieu de chacune d'elle. Une porte voûtée est percée dans chaque tour, près de l'escarpe, tandis que le pont massif, en briques, qui traverse le fossé se trouve dans la direction de la capitale de la tour.

Le profil de l'enceinte est le suivant :

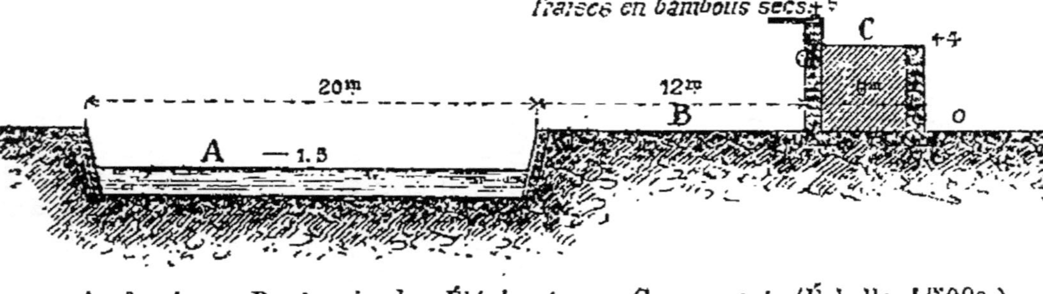

A, fossé. — B, chemin des Éléphants. — C, rempart. (Échelle 1/500e.)

sur le terrain, attestent l'énergie de sa résistance.

Mais nos pertes sont sensibles.

14 et 15 décembre. — 68 tués, dont 3 officiers ;
249 blessés, dont 17 officiers.

16 décembre. — 15 tués, dont 1 officier ;
70 blessés, dont 5 officiers ; sans compter une
cinquantaine d'hommes blessés très légèrement.

Les pertes de l'artillerie sont les suivantes :

Blessés.

14 et 15 décembre.

1re batterie : Baratte, 2e canonnier-servant.

2e batterie : Dupont, capitaine-commandant ;
Santonnax, adjudant ; Guillaume, 2e canonnier-
servant.

4e batterie : Baudier, maréchal-des-logis ;
Beaufort, maréchal-des-logis.

16 décembre.

2e batterie : Chaillou, maréchal-ferrant.

Les consommations de munitions s'élèvent,
dans les trois journées de combat, à 1,142 obus
et 220,000 cartouches.

L'ennemi fuit avec une trop grande vitesse
pour qu'il soit possible de le poursuivre avec
des troupes fatiguées.

L'*Eclair*, calant de 80 à 90 cent., est envoyé
pour empêcher les fuyards de franchir la rivière Noire ; la baisse des eaux l'arrête à environ 4 kilomètres du confluent de cette rivière
avec le fleuve Rouge.

La *Trombe*, dont le tirant d'eau est le même que celui de l'*Eclair*, est arrêtée, à l'entrée du Day, par un seuil infranchissable. Ce contretemps est moins déplorable que le premier parce que les fuyards dans cette direction n'étaient pas nombreux.

Les troupes occupent à la nuit les positions suivantes :

Citadelle :
Bataillon de fusiliers-marins ;
Batterie Amelot.

Dans la ville, entre l'enceinte extérieure et la citadelle :
Bataillon de la légion étrangère ;
Bataillon du 1er régiment de tirailleurs algériens ;
Bataillon d'infanterie de marine, commandant Dulieu.

Sur la digue longeant le bord du fleuve (au bivouac :
Auxiliaires tonkinois ;
Bataillon d'infanterie de marine, commandant Reygasse ;
Batterie Péricaud ;
Bataillon d'infanterie de marine, commandant Chevallier ;
Bataillon du 3e régiment de tirailleurs algériens.
Entre la digue et le fleuve, en réserve :
Bataillon d'infanterie de marine, commandant Roux ;
5 batteries d'artillerie de marine.
Sur le fleuve près du quartier général :
Pluvier; Mousqueton; Hache;
Jonques portant des munitions et des vivres.

Ces dispositions, en même temps qu'elles donnent aux troupes des cantonnements plus larges, permettent de résister, avec avantage, à toutes les attaques des Drapeaux-Noirs.

Bien qu'il soit peu probable que l'ennemi, si durement éprouvé, songe à venir nous inquiéter, il est d'une sage prévoyance de penser à cette éventualité.

Des incendies éclatent, pendant la nuit, près de la porte nord de la citadelle, à Phu-Sa, à Phu-Nhi et dans le village des Poteries. Ils sont allumés par quelques Drapeaux-Noirs qui, dans leur implacable haine, cherchent à venger leur défaite. Et pourtant des recherches ont été faites avec soin pendant toute la journée ; plus de 50 Drapeaux-Noirs, restés pour incendier la ville, ont été trouvés cachés, et fusillés.

18 décembre — On détruit le mur qui ferme la porte ouest.

Les nombreux cadavres ennemis, laissés sur le terrain, sont enterrés.

Une compagnie d'infanterie de marine pousse une reconnaissance du côté de la nouvelle citadelle de Sontay et revient après avoir constaté que c'est un ouvrage inachevé et sans importance militaire.

Quelques Drapeaux-Noirs, restés blessés dans les rizières, sont découverts et fusillés.

On fait le recensement des objets abandonnés par l'ennemi; on trouve de nombreux canons (ces canons sont lisses à l'exception de six canons de 4 rayé de montagne, dont cinq coulés au Yu-Nan et un fabriqué chez Vorus à

Nantes (*) et vendu, paraît-il, en 1872, par M. Dupuis, aux Chinois chargés de réprimer l'insurrection du Yu-Nan), de la poudre et des projectiles en quantité, du salpêtre, du soufre, 400 kilos de dynamite Nobel, de grands approvisionnements de riz et de sel, plus de 550.000 francs en barres d'argent ou en piastres, 40 chevaux ou mulets, mais pas un seul fusil.

19 décembre. — L'amiral et son état-major ainsi que le bataillon Roux et les 4e et 5e batteries d'artillerie de marine embarquent, à 9 heures du matin, sur le *Pluvier*, le *Mousqueton* et le *Ruri-Maru*, et rentrent à Hanoï.

Il reste à Sontay 7 bataillons d'infanterie, les auxiliaires tonkinois, 5 batteries et 3 bâtiments de la flottille.

20 décembre. — Les nombreux blessés, évacués de Sontay sur Hanoï, sont installés à la Concession : les soldats dans l'hôpital et les casernements des troupes qui ont été évacués, les officiers dans des logements d'officiers, nouvellement construits ou inoccupés.

L'encombrement est grand ; heureusement il fait relativement froid.

Une reconnaissance est effectuée, sous les ordres du colonel Bichot, de Sontay, dans la direction de la rivière Noire, par 4 bataillons d'infanterie, 1 compagnie d'auxiliaires tonkinois et 3 batteries commandées par le lieutenant-colonel Révillion.

(*) Les rayures de ces canons sont beaucoup plus profondes que celles des nôtres. Aussi ne peut-on les utiliser pour former une nouvelle batterie ainsi qu'on l'avait espéré.

Partie à 7 heures 1/2 du matin, la colonne arrive, à 4 heures du soir, sur la rivière Noire, en passant par Phu-Quang ; elle est de retour à Sontay le lendemain, après avoir reconnu le pays et pris des renseignements sur l'ennemi.

Les Drapeaux-Noirs, après leur fuite de Sontay, n'ont pas mis moins de un jour et demi à traverser la rivière Noire, dans un désordre inexprimable, et se sont réfugiés à Hong-Hoa.

Il est malheureux que la baisse des eaux n'ait pas permis aux bâtiments de remonter le fleuve Rouge pour leur couper la retraite.

Du 23 au 26 décembre. — Les troupes reviennent successivement de Sontay à Hanoï, à l'exception de celles qu'on laisse provisoirement pour garder la place et qui comprennent : 2 bataillons d'infanterie de marine, 1 bataillon de tirailleurs algériens, les batteries Régis, Vintemberger et Amelot, et des auxiliaires du génie.

Le chef de bataillon du génie, Dupommier, fait exécuter, à l'aide de ces auxiliaires et de travailleurs indigènes ramenés de Hanoï, 5 blockhaus qui, une fois construits, permettront de réduire l'effectif des troupes chargées de la défense de Sontay.

26 décembre. — Le chef d'escadron d'artillerie de marine Nortier, arrive à Hanoï, venant de Saïgon.

27 décembre. — A 7 h. 1/2 du matin, le feu prend dans la paillotte où sont installés les ouvriers du parc de l'artillerie du corps expéditionnaire. Des fusées, des matières fusantes et de la poudre, prises à Sontay, ont été déposés dans cette paillotte de 12 mètres sur 15 seulement, où se font à la fois les travaux de réparation du matériel et du harnachement, et le ferrage des chevaux. Bien des fois, le lieutenant-colonel, commandant l'artillerie, a signalé l'insuffisance des locaux affectés au service du parc, et les dangers qu'offre la présence de deux forges à ferrer dans le voisinage de matières combustibles et explosibles.

Par suite du petit nombre des locaux affectés à l'artillerie, on a été forcé de placer momentanément, en cet endroit, des munitions de 4 rayé de montagne, de 65 mill. et de 80 mill. qui n'ont pu être emmagasinées dans la cour de l'hôpital et la citadelle, qui sont encombrées. Les bois qui sont nécessaires aux travaux ainsi que les plate-formes se trouvent à côté des munitions.

L'accident est produit par une étincelle provenant d'une des forges et qui enflamme des matières fusantes contenues dans des pots, où une des nombreuses fusées annamites que les canonniers transportent en dehors du parc pour être noyées par une corvée de coolies. En un instant la paillotte est en flammes. Moins de 5 minutes après le commencement de l'incendie, une détonation formidable se fait entendre. Ce sont des coffres de munitions de 80 mill. de campagne qui font explosion. Des éclats de projectiles, des projectiles entiers, des débris de toute espèce, sont projetés au loin dans toutes les directions.

Les vitres des fenêtres des maisons en pierre de la Concession sont brisées. Le feu se com-

munique aux paillottes qui servent de loge
ment, d'écurie et d'infirmerie des chevaux pour
la 3e batterie. Dès lors, en égard à la quantité
considérable de projectiles accumulés dans le
foyer même de l'incendie, il eût été imprudent
de chercher à l'arrêter et à sauver les munitions. D'ailleurs, on ne possède pas de pompes
à incendie. Le plus sage est de faire la part du
feu et de chercher à en empêcher la propagation
dans la ville, en jetant à bas une partie des paillottes qui avoisinent la porte de France.

Les détonations se succèdent rapidement; le
sol est jonché d'éclats de projectiles et de matériel, qui sont lancés dans toutes les directions à
plus de 300 mètres. Cependant, quelques coura-
geux artilleurs parviennent à sauver une grande
quantité d'objets qui peuvent être emportés sans
trop de danger.

L'amiral donne l'ordre de faire mettre les
hommes à l'abri et de démolir les cases dans
un rayon assez éloigné. Les officiers blessés à
Sontay, qui sont dans une paillotte à 50 mètres
de l'incendie, à l'intérieur de la Concession,
sont éloignés. On les transporte dans le logement de l'amiral, construit en pierre, où ils sont
à l'abri des éclats de projectiles. Vers 10 heures,
les détonations cessent et bientôt l'incendie s'arrête à un petit chemin parallèle à la digue de
la porte de France, et à 300 mètres de celle-ci.

Le parc d'artillerie, la paillotte des canonniers, l'écurie et l'infirmerie des chevaux de la
3e batterie, 3 cases de marchands sont complètement détruits.

Les chevaux de l'artillerie ont pu être détachés et se sont enfuis.

Les pertes des personnes sont heureusement peu considérables : 4 artilleurs sont blessés légèrement, 2 femmes tonkinoises et un Tonkinois sont tués, un autre est brûlé à l'intérieur du parc (*).

Les pertes du matériel sont moins considérables qu'on aurait pu le supposer ; les établis à fer et à bois, quelques sacs à charges et à étoupilles, des cordes, des bois pour plates-formes à la prussienne, d'autres bois de construction, etc... sont brûlés. 480 coups de 80 mill. de campagne sont détruits ainsi que 120 coups de 65 mill. et 400 charges de 4 rayé de montagne ; 2 affûts et une dizaine de limonières sont à réparer, etc.

Les hommes de la 3ᵉ batterie ont perdu quelques effets, quelques sacs et 11 mousquetons.

Dans la soirée, on déblaie le terrain, on continue à jeter de l'eau sur les décombres fumants, et on lance dans le fleuve quelques projectiles qui n'ont pas éclaté, mais qui sont hors de service et peuvent être dangereux. On sauve toutes les ferrures des établis, des forges, du matériel roulant, qui ont été au milieu de l'incendie.

Tous les chevaux sont rattrapés le soir même.

28 *décembre*. — Une bande de pirates, d'environ 2,000 hommes, attaque le poste des Bambous, récemment construit, au confluent du fleuve Rouge et du canal de Thaï-Binh, à 6 kilo-

---

(*) On a supposé un instant que cet indigène avait allumé l'incendie, mais il a paru ensuite plus probable que c'était un malheureux affolé, qui s'est jeté inconsciemment dans le feu qu'il voulait fuir.

mètres environ à l'est de Hung-Yen. La petite garnison du poste (20 hommes et un sergent), repousse l'attaque.

31 *décembre*. — Les lieutenants en 1er d'artillerie de marine, Bigaut, Teillard d'Eyry, Vintemberger, Rumeau, d'Artaud, Lubin, promus capitaines en 2e, à la date du 18 octobre, sont maintenus provisoirement au Tonkin.

2 *janvier*. — Une colonne, composée d'un bataillon d'infanterie de marine, envoyé d'Hanoï à Sontay, ainsi que de 2 compagnies d'infanterie de marine et de trois compagnies de tirailleurs algériens, de la garnison de Sontay, exécute, sous les ordres du lieutenant-colonel de Maussion, une reconnaissance dans la direction de la Rivière-Noire. Elle est de retour à Sontay le 5 janvier, après avoir parcouru la route de Bat-Bac par Dong-Lau, la digue de la rive droite de la Rivière-Noire jusqu'à Truong-Ha, et la digue de la rive gauche du fleuve Rouge par Dien-Chu.

Cette reconnaissance, ainsi que celle exécutée par le colonel Bichot le 20 décembre, procurent, sur le pays et l'ennemi, une partie des renseignements qui sont nécessaires pour la bonne exécution des opérations que l'amiral espère pouvoir bientôt tenter contre Hong-Hoa.

On sait maintenant que les Drapeaux-Noirs se sont définitivement retirés sur la rive gauche de la Rivière-Noire, qu'ils fortifient les abords de Hong-Hoa et que le pays, de Sontay à la Rivière-Noire, n'offre pas de grandes difficultés à la marche de l'artillerie.

4 *janvier*. — Les ouvriers du parc sont installés dans les bâtiments de la lunette sud-est de la citadelle, en attendant la construction de locaux plus convenables. Ils travaillent à la réparation du matériel endommagé et à la reconstitution d'une partie de celui qui a été incendié (établis, outils, etc.).

Vers le 15 janvier, tous les dégâts de matériel sont réparés, grâce au zèle et à l'activité remarquables de tous les ouvriers du parc.

15 établis sont confectionnés, des forges fixes sont montées, etc., et le parc est établi sur de vastes terrains, ce qui n'a pu être obtenu avant l'incendie, malgré les observations du commandant de l'artillerie.

Les lieutenants en 1er d'artillerie de marine Dunoyer, Odent, Gerbaut, Dupont, et les sous-lieutenants Derappe et Bergeret arrivent à Hanoï, ainsi que 3 adjudants et 70 canonniers. Le nombre des officiers d'artillerie est suffisant, mais chaque batterie ne compte pas 115 hommes à l'effectif, y compris 1/10e au moins de malades ou d'indisponibles.

Un demi-escadron de 60 cavaliers, du 1er régiment de chasseurs d'Afrique (capitaine Laperrine), arrive à Haï-Phong.

Le fleuve baisse toujours et les opérations contre Hong-Hoa deviennent impossibles.

Le courant est actuellement de 1 nœud à 1 nœud 1/2, tandis qu'aux hautes eaux il est de 5 à 6 nœuds.

Le nombre des coolies, entretenus par les services administratifs d'une façon permanente, est réduit à 600. Chaque coolie est logé et touche 6 piastres par mois.

6,300 hommes de renfort sont annoncés. Le génie prépare le casernement destiné à ces troupes.

10 et 11 *janvier*. — Une reconnaissance est poussée du côté du canal des Rapides pour tâter l'ennemi qui couvre Bac-Ninh.

A 6 h. 1/2 du matin, les troupes, sous les ordres du lieutenant-colonel Belin, embarquent à la Concession, sur l'*Eclair*, le *Cua-Cam* et une jonque remorquée par le *Song-Coï*.

A 8 h. 1/4, elles débarquent sur la rive gauche du fleuve Rouge, près de la route d'Hanoï à Bac-Ninh.

La composition de la colonne est la suivante :

Une compagnie de tirailleurs annamites, le bataillon du 1er tirailleurs algériens, une demi-batterie d'artillerie de marine de 65 mill. (lieutenant en 1er Henry), l'ambulance et le convoi de bagages.

Arrivée au blockhaus de la rive gauche, la colonne quitte la route de Bac-Ninh pour se diriger sur la digue au nord. A l'intersection de cette digue et de la route de Bac-Ninh, la colonne s'engage sur cette dernière route et atteint le village de Than-An, où elle fait grand'halte, après avoir pris les dispositions de sûreté nécessitées par la présence de l'ennemi.

A midi, elle reprend sa marche en avant, arrive à la digue qui longe le canal des Rapides, la suit au sud de la route de Bac-Ninh, jusqu'à hauteur du village de Quam-Tinh.

Vers 2 heures du soir, la vue de nombreux pavillons blancs ou rouges et blancs, venant s'aligner sur la rive gauche du canal, dans les villages qui avoisinent la route de Bac-Ninh, fait juger prudent de rétrograder. La colonne revient cantonner au village de Gia-Thuy-Thuong, position donnant des vues étendues et découvertes dans la direction du canal des Rapides.

Le 11 janvier, à 7 h. 1/2 du matin, la colonne reprend la route suivie la veille. La tête d'avant-garde a atteint un petit bouquet d'arbres, situé à 150 mètres à peine du canal, quand elle est brusquement arrêtée par une décharge de mousqueterie tirée par des sentinelles avancées de l'ennemi. Ce dernier occupe un tambour en palanques construit pendant la nuit à la jonction de la route de Bac-Ninh et de la digue, à gauche et à droite de la route.

La colonne prend aussitôt sa formation de combat et engage de 8 h. 1/2 à 11 heures du matin un feu lent avec l'ennemi qui occupe aussi la digue en arc de cercle, en arrière du canal, sur une longueur de plus de 2 kilomètres. Vers 3 heures, l'ennemi amène quelques canons que nos pièces de 65 mill. prennent pour objectif ; une des pièces ennemies est démontée.

À 5 heures, le commandant de la colonne reçoit l'ordre de rentrer à Hanoï. Notre artillerie force l'ennemi à se retirer et, à 7 heures du soir, la colonne s'embarque à bord de l'*Éclair* et de deux jonques remorquées par le *Pélican*.

Cette reconnaissance conduit à penser que l'ennemi occupe, en grand nombre, le terrain qui avoisine le canal des Rapides et les villages qui longent la route directe de Bac-Ninh. Il paraît décidé à disputer vigoureusement le passage.

D'autre part, les renseignements fournis par nos espions représentent les Chinois comme mettant en état de défense d'une façon très sérieuse les villages qu'ils occupent ; l'un d'eux, en particulier, nommé Dinh-Bau, serait une véritable forteresse.

Le contre-amiral commandant en chef conçoit dès lors le plan de tourner les positions fortifiées de l'ennemi en prenant Haï-Dzuong comme nouvelle base d'attaque.

19 janvier. — Les blockhaus dont la construction a été commencée à Sontay, le 25 décembre, sont terminés.

Un blockhaus défend chacune des quatre portes de l'enceinte extérieure. Il reçoit une garnison de 15 hommes, 30 jours de vivres de réserve et provisoirement un canon de 4 rayé de montagne.

Ce canon, qui ne peut tirer convenablement sur le blockhaus dont la plate-forme est trop petite, doit être remplacé, dans peu de temps, par un canon-revolver de 37 millimètres.

Un cinquième blockhaus, placé à l'intersection de la digue longeant le fleuve Rouge et de la rue conduisant des casernes de la marine à la porte nord, est armé de 2 canons-revolvers ; sa garnison est de 50 hommes environ, et il est approvisionné également à 30 jours de vivres.

Les vues de ces blockhaus, ainsi que celles de l'enceinte de la citadelle, ont été très dégagées. Tout ce qui pouvait gêner le tir a été abattu.

La construction de ces ouvrages permet de réduire l'effectif des troupes nécessaires à la garde de Sontay et, par suite, rend disponibles plusieurs compagnies et batteries pour les opérations ultérieures contre Hong-Hoa ou Bac-Ninh.

20 janvier. — L'amiral, qui a renoncé, à cause de la baisse des eaux, à l'attaque de Hong-Hoa, prépare les opérations contre Bac-Ninh. Il se rend à Haï-Dzuong et exécute sur le *Léopard* la reconnaissance du Song-Cau jusqu'à Phu-Lang (*) et sur un canot à vapeur, celle du canal des Rapides jusqu'au marché de Chi.

Il est accompagné du colonel commandant l'artillerie, et de son chef d'état-major.

24 janvier. — Deux pièces de 80 mill. de campagne arrivent à Hanoï, venant de Saïgon, ainsi que 5 établis pour ouvriers à fer ou à bois envoyés en remplacement de ceux détruits lors de l'incendie du parc.

30 janvier. — La batterie Amelot revient de Hanoï à Sontay.

Du 1er au 12 février. — Les troupes de la garnison d'Hanoï exécutent des marches, de un ou plusieurs jours, dans les environs d'Hanoï pour s'entraîner et se préparer à de nouvelles opérations.

D'ailleurs, depuis la prise de Sontay, les troupes ont été constamment en mouvement. Une chasse vigoureuse a été faite aux pirates qui désolent tout le pays, par de nombreuses colonnes mobiles parties de Sontay, Hanoï, Haï-Dzuong, Nam-Dinh et Haï-Phong.

12 février. — A 1 heure arrivent à Hanoï le général de division Millot, nommé commandant en chef du corps expéditionnaire, et les généraux de brigade Brière de l'Isle et de Négrier.

A 8 h. 1/2 du soir, le contre-amiral Courbet s'embarque sur l'*Éclair* et quitte Hanoï.

(*) Dès le 14 décembre, le *Léopard* a exécuté la reconnaissance de Song-Cau jusqu'à Phu-Lang, où il a détruit un poste occupé par les Chinois.

Il emporte avec lui les regrets de tout le corps expéditionnaire.

L'effectif total des troupes s'élève actuellement à environ 280 officiers, 9,100 (*) hommes et 185 chevaux, répartis dans les places de Sontay, Hanoï, Haï-Dzuong, Nam-Dinh, Ninh-Binh, Haï-Phong et Quang-Yen, ainsi que dans les postes isolés de Palan, Ba-Tang et les Bambous.

Artillerie.

Le colonel Révillion, récemment promu (**), est maintenu provisoirement au Tonkin comme commandant de l'artillerie du corps expéditionnaire.

Il a sous ses ordres :

Les 1re, 2e, 3e, 4e et 5e batteries *bis* d'artillerie de marine, armées du canon de 4 rayé de montagne, la 6e batterie *bis* d'artillerie de marine, armée du canon de 65 mill., le parc d'artillerie de marine, la moitié de la 22e batterie d'artillerie de marine et la batterie de 65 mill. et de 4 rayé de montagne, du corps de débar-

---

(*) Dans ces chiffres sont compris 25 officiers et 850 hommes environ à l'hôpital et les indisponibles, ainsi que 1,650 auxiliaires tonkinois.

(**) Quelques jours après la prise de Sontay, le contre-amiral Courbet a adressé télégraphiquement au Ministre de la marine des demandes de récompenses pour les officiers supérieurs qui se sont particulièrement distingués :

Le lieutenant-colonel commandant l'artillerie a été promu colonel à la date du 3 janvier 1884. (Faits de guerre. — Prise de Sontay.)

.quement, scindée en **2** parties (5 pièces de 65 mill. et 3 pièces de 4 rayé de montagne), ainsi que la deuxième moitié de la **22°** batterie qui arme les forts nord de Thuan-An, et la plus grande partie de la **23°** batterie, venue de Cochinchine et qui arme les forts sud de Thuan-An.

L'artillerie de marine comprend actuellement :

33 officiers, 800 hommes et 90 chevaux environ, non compris les détachements de Thuan-An.

La batterie du corps de débarquement est forte, au total, de 4 officiers et 120 hommes.

Dans ces effectifs sont compris les malades et les indisponibles.

La répartition de l'artillerie dans les différentes places du delta est la suivante :

1° *Personnel.*

Hanoï :
État-major ;
3°, 4°, 5°, 6° batteries *bis*, et quelques hommes de la **22°** batterie ;
Parc ;
Batterie de 65 mill. du corps de débarquement.

Sontay :
1re et 2° batteries *bis*.

Haï-Dzuong :
1/2 batterie de 4 rayé de montagne du corps de débarquement ;
7 hommes de la **22°** batterie.

Nam-Dinh :
5 hommes de la **22°** batterie.

Haï-Phong :
1 officier et 21 hommes de la **22°** batterie.

2° *Matériel.*

DÉSIGNATION DES PIÈCES.		Sontay.	Hanoï.	Haï-Duong.	Nam-Dinh	Haï-Phong.	TOTAL des pièces par espèces.
Pièces mobiles.							
4 rayé de montagne............		6	18	3	»	»	27
65 mill..........................		»	11	»	»	»	11
Pièces de position.							
12 rayé de campagne.	en batterie.....	»	7	2	»	2	13
	au parc.........	»	2	»	»	»	
80 mill. de campagne.	en batterie.....	»	»	»	»	»	8
	au parc.........	»	8	»	»	»	
Mitrailleuse de Meudon	en batterie.....	»	4	»	»	»	4
	au parc.........	»	»	»	»	»	
4 rayé de campagne.	en batterie......	»	3	»	»	2	8
	au parc.........	»	8	»	»	»	
4 rayé de montagne.	en batterie......	4 (*)	5	»	2	3	14
	au parc.........	»	»	»	»	»	
Canon-revolver de 37 mill.	en batterie......	2	»	»	»	»	2
	au parc.........	»	»	»	»	»	

(*) Ces 4 pièces sont empruntées provisoirement aux 1° et 2° batteries.

Résumé de la situation générale au Tonkin et des résultats acquis sous le commandement du contre-amiral Courbet.

Les défenses des places occupées sont très améliorées; on veut pouvoir, au moment des opérations extérieures, les garder avec peu de monde.

Les troupes continuent à être entraînées par des reconnaissances fréquentes autour des lieux de garnison.

Les coolies sont, en partie, embrigadés d'une façon permanente.

Des communications par télégraphie optique sont installées.

Le service des vivres et des hôpitaux est organisé, aussi bien qu'il est possible, avec les moyens dont on dispose.

La ville d'Hanoï se repeuple de plus en plus. Il en est de même des villages les plus voisins des places que nous occupons, et qui étaient autrefois presque déserts.

Haï-Dzuong est occupée par une assez forte garnison.

L'amiral, par son activité, son énergie, l'élévation de son caractère et sa bienveillance, s'est attiré bien vite la confiance et le dévouement de tout le corps expéditionnaire.

Les indigènes, bien qu'un peu rassurés, ne peuvent pas croire, d'abord, qu'il nous soit possible de prendre Sontay, *l'inviolable*, ainsi qu'ils l'appellent.

L'attaque de cette place est si bien préparée, elle est exécutée avec une telle vigueur et une

quelle décision qu'elle tombe entre nos mains
après trois jours de combat.

Dès lors, la population tout entière croit,
enfin, à l'efficacité de nos efforts et à la proba-
bilité de notre installation définitive au Tonkin.

La baisse des eaux retarde malheureusement
les opérations contre Hong-Hoa, qui, sans ce
contre-temps, eût été attaqué et pris quelques
jours après le 16 décembre.

Dans les premiers jours de janvier, il est possible de prendre Bac-Ninh en profitant, pour
marcher contre cette place, de l'immense effet
moral causé par la prise de Sontay.

A ce moment, le contre-amiral Courbet apprend l'arrivée prochaine de nouveaux renforts
et son remplacement par le général de division
Millot.

Mettant de côté toute préoccupation person-
nelle, l'amiral ne cesse de travailler à l'amélio-
ration de la situation et à la préparation du plan
d'opérations que son successeur est appelé à
exécuter.

Le 12 février, il quitte Hanoï, laissant la population rassurée, les places en très bon état, les
services bien organisés et des troupes entraînées et préparées à tous les efforts qu'on peut
leur demander (¹).

____

(¹) *Ordre de l'amiral Courbet la veille de son dé-*
part.

Soldats et marins,

Il y a deux mois nous marchions sur Sontay. Je
comptais bien vous conduire aussi à Bac-Ninh. Cet
honneur ne m'est point réservé. Sous peu de jours, je

dois remettre à M. le général Millot le commandement en chef de l'expédition du Tonkin.

Recevez mes adieux. C'est avec un profond chagrin que je vous quitte. Jamais je n'oublierai avec quelle bravoure vous avez tenu le drapeau de la France. Mon ambition eût été de partager encore vos dangers et votre gloire. J'applaudirai de tout cœur à vos nouveaux succès.

FIN DU TOME Ier.

Paris et Limoges, Impr. milit. Henri Charles-Lavauzelle.

www.ingramcontent.com/pod-product-compliance
Ingram Content Group UK Ltd.
Pitfield, Milton Keynes, MK11 3LW, UK
UKHW021226140726
13695UKWH00002B/782